Wojciech Nowakowski

Od Bitcoina do Ethereum

Wojciech Nowakowski

Od Bitcoina do Ethereum

Kryptowaluty...

Wydawnictwo Bezkresy Wiedzy

Imprint
Any brand names and product names mentioned in this book are subject to trademark, brand or patent protection and are trademarks or registered trademarks of their respective holders. The use of brand names, product names, common names, trade names, product descriptions etc. even without a particular marking in this work is in no way to be construed to mean that such names may be regarded as unrestricted in respect of trademark and brand protection legislation and could thus be used by anyone.

Cover image: www.ingimage.com

Publisher:
Wydawnictwo Bezkresy Wiedzy
is a trademark of
International Book Market Service Ltd., member of OmniScriptum Publishing Group
17 Meldrum Street, Beau Bassin 71504, Mauritius

Printed at: see last page
ISBN: 978-3-639-89224-6

SPIS TREŚCI

1. PODSTAWY KRYPTOGRAFII

1.1. Zarys rozwoju kryptografii i kryptoanalizy

Kryptologią nazywa się dziedzinę nauki o kodowaniu informacji, by zabezpieczyć ją przed nieuprawnionym odczytaniem. Kryptologia jest gałęzią matematyki i informatyki. Kryptologię dzieli się na *kryptografię*, czyli wiedzę o tworzeniu kryptograficznych zabezpieczeń informacji, oraz *kryptoanalizę*, czyli wiedzę o łamaniu tych zabezpieczeń. W języku potocznym kryptografią określa się ogół praktycznie wykorzystywanych technik i technologii z dziedziny kryptologii. Kryptologia ma duże znaczenie we współczesnym życiu, ze względu na powszechne obecnie wykorzystywanie transmisji informacji, w tym poufnych. Korespondencja elektroniczna, operacje bankowe czy handel elektroniczny nie byłyby w ogóle możliwe bez zastosowania kryptografii.

Do czasów nowożytnych kryptografia była związana wyłącznie z szyfrowaniem wiadomości w celu uniemożliwienia jej odczytania przez osoby nie mające klucza odszyfrowujacego. Już starożytni Egipcjanie, Rzymianie, Grecy czy Hebrajczycy szyfrowali swoja korespondencję. Z czasów imperium rzymskiego znany jest np. szyfr Cezara polegający na przesunięciu alfabetu tekstu tajnego wobec alfabetu tekstu jawnego o trzy litery. Ostrzeżenie *„nie ufaj Brutusowi"* po zaszyfrowaniu brzmiało *„QLH XIDM EUXWXVRZL"*, a więc bardzo tajemniczo. Grecy z kolei używali metody *skytale* – *na* drewnianą laskę nawijano pasek pergaminu, a tekst można było odczytać na innej lasce, ale tylko wtedy, gdy ta druga miała identyczną grubość. Te ówczesne metody były prymitywne i pozwalały na stosunkowo łatwe łamanie używanych szyfrów.

Szyfry antyczne dzieli się na dwie główne grupy: szyfry *przestawieniowe* (zmiana kolejności liter) oraz *podstawieniowe*, w których zastępowano pojedyncze litery innymi literami. *Steganografia*, wynaleziona również w starożytności, była szyfrowaniem polegającym na ukryciu samego faktu przesyłania informacji (w wersjach współczesnych to np. atramenty sympatyczne, mikrokropki czy cyfrowe znaki wodne).

Szyfrogram wygenerowany przy użyciu klasycznego szyfru (i niektórych rodzajów szyfrów nowoczesnych) zawsze niesie ze sobą pewne statystyczne informacje związane z wyjściowym tekstem jawnym, które mogą posłużyć do złamania szyfru. Po odkryciu metod kryptoanalizy statystycznej przez arabskiego uczonego Al-Kindiego w IX wieku n.e. stało się możliwe, z mniejszymi lub większymi trudnościami, złamanie prawie każdego z takich szyfrów przez kogoś, kto ma odpowiednią wiedzę. Dopie-ro w roku 1467 Leon Battista Alberti udoskonalił szyfrowanie przez podstawienie szyfrem *polialfabetycznym*. Jego pomysł polegał na użyciu różnych szyfrów dla różnych części wiadomości – często innego szyfru dla każdej z osobna litery tekstu jawnego.

Uodpornienie na kryptoanalizę statystyczną polegało więc na ukryciu rozkładu częstości występowania poszczególnych znaków poprzez wiele podstawień. Różne części wiadomości mogły być szyfrowane w inny sposób. Przedstawił też urządzenie uznawane za pierwszą maszynę szyfrującą.

Skonstruował dysk szyfrowy, składający się z dwóch kół. Na zewnętrznym znajdowały się litery alfabetu jawnego (24 znaki), na wewnętrznym ruchomym znajdowały się litery alfabetu szyfrowego. Dzięki temu możliwe było zdefiniowanie 24 możliwych podstawień (zamiana tekstu jawnego na litery kryptogramu z koła wewnętrznego), które można zmieniać co pewien okres przez obrót koła. Była to prawdopodobnie pierwsza maszyna do szyfrowania. W połowie XIX wieku Charles Babbage pokazał, że szyfry polialfabetyczne tego typu są jednak partiami podatne na kryptoanalizę statystyczną. Dopiero w pierwszej połowie dwudziestego wieku zbudowano wiele bardziej złożonych systemów szyfrowania z wykorzystaniem urządzeń elektryczno-mechanicznych, których złamanie wymagało dużego wysiłku specjalistów, jak na przykład niemiecka maszyna Enigma. Maszyna ta, używana przez armię niemiecką jeszcze przed II Wojną Światową, rozszyfrowana przez Polaków, miała także wbudowany elektromechaniczny system szyfrowania polialfabetycznego.
Wszystkie znane wówczas szyfry były szyframi podstawieniowymi, czyli takimi, w których każdy znak tekstu jawnego zastępowany jest innym znakiem tekstowym według określonego klucza, np. tabeli zamiany znaków. Szyfry te nazwano później algorytmami kryptograficznymi symetrycznymi, ze względu na to, że ten sam klucz jest używany do szyfrowania i odczytywania wiadomości.

W XIX wieku uznano, że ochrona tajemnicy algorytmu szyfrowania nie jest rozsądna ani praktyczna, a system kryptograficzny (w tym szyfr) powinien pozostać bezpieczny nawet wtedy, gdy przeciwnik zna algorytm szyfro-wania. Tajemnica klucza sama w sobie powinna wystarczyć do dobrego zaszyfrowania i przekazania poufnej informacji. Inaczej mówiąc: kryptosystem powinien być bezpieczny nawet w przypadku, gdy jego całość – z wyjątkiem klucza – jest publicznie znana (tzw. zasada Kerckhoffsa).

W owych czasach szyfrowanie było domeną władzy, wojska a także wielkiego handlu i finansów, zwłaszcza międzynarodowych. Stosowane metody były na ogół wystarczające, choć stale trzeba było je zmieniać i komplikować. Załamanie przyszło dopiero w połowie XX wieku, wraz z pojawieniem się komputerów i teleinformatyki. Bowiem informacje cyfrowe przesyłane w sieciach rozległych narażone są na zagrożenie naruszenia ich poufności bądź zniekształcenia czy zniszczenia. Konieczność szyfrowania informacji cyfrowej stała się więc niezbędna i powszechna. Od początku XX wieku kryptografia wykorzystuje zdobycze matematyki, a zwłaszcza teorii informacji, statystyki, kombinatoryki i teorii liczb. Gruntowne prace badawcze w dziedzinie kryptografii współczesnej rozpoczęto stosunkowo niedawno, w latach 70-tych XX wieku. Narodowe Biuro Standaryzacji USA (ang. *National Bureau of Standards*) opublikowało specyfikację algorytmu DES (*Data Encryption Standard*). W 1976 r. ukazała się fundamentalna praca Diffiego-Hellmana [5], a rok później upubliczniono patent dotyczący algorytmu RSA [6, 7], stanowiący do dziś podstawę kryptografii klasycznej (nie kwantowej). Od tego czasu kryptografia stała się narzędziem powszechnie używanym w komunikacji, sieciach komputerowych i ogólnie – bezpieczeństwie komputerowym.

1.2. Kryptografia współczesna

We współczesnych technikach kryptograficznych wykorzystuje się złożoność obliczeniową niektórych działań matematycznych, jak faktoryzacja (rozkład na czynniki, czyli proces polegający na znalezieniu dla danego obiektu innych obiektów, których iloczyn jest jemu równy. Faktoryzacja liczby całkowitej x to znalezienie takich liczb całkowitych $y_1, y_2, ..., y_n$, których iloczyn jest równy danej liczbie x) lub logarytm dyskretny (logarytm dyskretny elementu b przy podstawie a w danej grupie skończonej, jest to taka liczba całkowita c, że w grupie zachodzi równość w notacji multiplikatywnej dla działania grupowego

$a^{c}=b$. Logarytm dyskretny nie zawsze istnieje, a jeśli istnieje nie jest jednoznaczny).

Stosowane techniki kryptograficzne są bezpieczne, ale tylko w pewnym bliskim okresie. Ciągły wzrost mocy obliczeniowej komputerów wymusza zwiększanie np. długości klucza kryptograficznego. Zasadnicze obawy budzą przede wszystkim zapowiedzi rychłego skonstruowania niezwykle szybkich komputerów kwantowych, na co odpowiedzią mają być algorytmy krypto-grafii kwantowej.

Współcześnie wyróżnia się dwa główne rodzaje kryptografii: kryptografię symetryczną i asymetryczną. Podstawową wadą kryptograficznych algorytmów symetrycznych jest to, że ten sam klucz służy zarówno do szyfrowania, jak i odczytywania wiadomości. Klucz ten musi więc być tajny i, co gorsza, przekazywany odbiorcy informacji. Jak więc zapewnić poufność transmisji dokumentu cyfrowego szyfrowanego kluczem, który przecież sam jest dokumentem cyfrowym przesyłanym przez sieć teleinformatyczną i może być skopiowany? Dawniej klucz szyfrująco-deszyfrujący czyli np. tabelkę podstawień, lub wałek szyfrujący maszyny można było przekazać fizycznie, przez specjalnego kuriera. Trudno byłoby korzystać z tej „metody" dziś.

Pierwszy na świecie komputer, Eniac (*Electronic Numerical Integrator And Computer*), uruchomiono w 1947 roku (pierwszy polski, XYZ, zaledwie 11 lat później). W latach 60-tych ub. wieku istniały już sieci, przez które masowo przesyłano informacje cyfrowe. Starano się więc pilnie rozwiązać problem poufności tych transmisji tworząc coraz bardziej skomplikowane algorytmy szyfrowania. Pierwszym był LUCIFER (IBM, 1969-71) Horsta Feistela oraz Walta Tuchmana. Ponieważ algorytm ten był mało odporny na złamanie opracowano poprawiony algorytm DES (Data Encryption Standard), który w roku 1977 został zaakceptowany przez Narodowy Instytut Standardów i Technologii USA. Kolejnym rozwinięciem, jednym z wielu zaproponowanych, był algorytm IDEA (*International Data Encryption Algorithm*, Ascom Holding AG, 1991) Xuejia Lai i Jamesa Masseya.

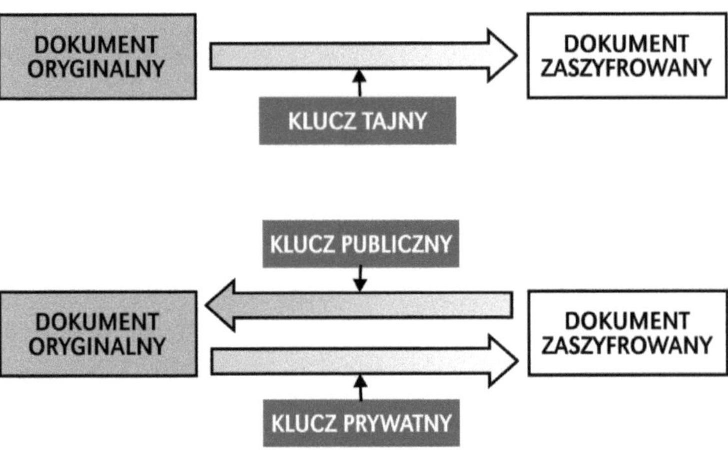

Rys. 1.1. Schemat szyfrowania i deszyfrowania w kryptografii symetrycznej (wyżej) i asymetrycznej (niżej)

Algorytmy symetryczne maja wiele zalet (są np. szybkie) i, jakkolwiek mają wiele różnych zastosowań, mają też wspomnianą już podstawową wadę: konieczność dystrybucji klucza, który jest tajny. Problem ten praktycznie uniemożliwia zastosowanie kryptografii symetrycznej w wielu zastosowaniach, m.in. w systemach powszechnego bezpiecznego uwierzytelniania przesyłanych elektronicznie dokumentów w sieciach jawnych, w tym systemach podpisu elektronicznego.

Problem z dystrybucją tajnego klucza rozwiązano wprowadzając w jego miejsce dwa klucze, które matematycznie są ze sobą powiązane: publiczny (dystrybuowanym w sieci) i prywatny. System ten nazwano kryptografią asymetryczną. I to był przełom, który umożliwił szybki rozwój bezpiecznych usług związanych z transmisją danych w cyfrowych sieciach publicznych:

elektronicznego uwierzytelniania, obsługi podpisów cyfrowych czy szyfrowania poczty.

Zasługę wprowadzenia kryptografii asymetrycznej przypisuje się, jak już wspomniano, Martinowi Hellmanowi i Whitfieldowi Diffiemu, którzy w 1976 roku opublikowali fundamentalny artykuł "*O systemie, którego bezpieczeństwo nie zależy od utrzymania klucza szyfrującego w tajemnicy*", choć brytyjska służba wywiadu elektronicznego ujawniła później, że pierwsza koncepcja systemu szyfrowania z kluczem publicznym została opracowana przez nich już w 1965 roku, a w 1973 stworzono działający system. Odkrycia te były jednak do roku 1997 objęte klauzulą tajności.

Rys. 1.2. Martin Hellman i Whitfield Diffi (wikipedia)

1.3. Szyfry symetryczne

Szyfrowanie symetryczne, zwane jest również szyfrowaniem konwencjonalnym. W przypadku tego kryptosystemu mamy do czynienia z szyfrowaniem oraz deszyfrowaniem danych przy pomocy takiego samego klucza. Na rysunku 1.3 przedstawiony jest model poglądowy procesu szyfrowania symetrycznego. Algorytm szyfrujący E zgodnie ze swą charakterystyką przekształca oryginalny tekst jawny X na szyfrogram Y przy użyciu tajnego klucza K. Algorytm deszyfrujący D jest odwrotny do wcześniej zastosowanego i przy użyciu klucza K na szyfrogramie Y otrzymamy ponownie tekst jawny X.

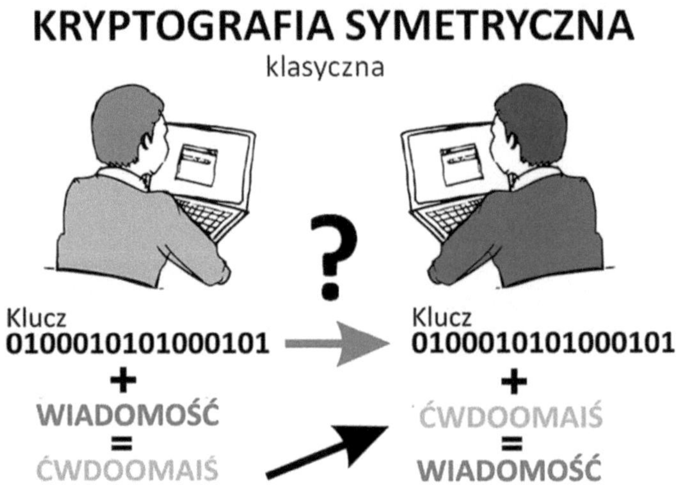

Rys. 1.3. Poglądowy schemat szyfrowania symetrycznego

Historyczne szyfrowanie symetryczne opiera się, jak już wspomniano, na dwóch metodach: podstawieniowej oraz przestawieniowej. Metody podstawieniowe (np. monoalfabetyczne, polialfabetyczne czy homofoniczne) odwzorowują elementy tekstu jawnego na elementy szyfrogramu, zaś przestawieniowe (np. greckie Skytale) opierają się na uporządkowanych zamianach pozycji elementów tekstu jawnego. Współcześnie używane szyfry symetryczne to: Twofish, Serpent, AES, Blowfish, RC4, 3DES czy IDEA.

1.4. Szyfry asymetryczne

Szyfrowanie asymetryczne znane szerzej jako szyfrowanie z użyciem kluczy publicznych to forma kryptosystemu, w którym procesy szyfrowania i deszyfrowania wykonywane są przy użyciu dwóch różnych kluczy – publicznego i prywatnego.

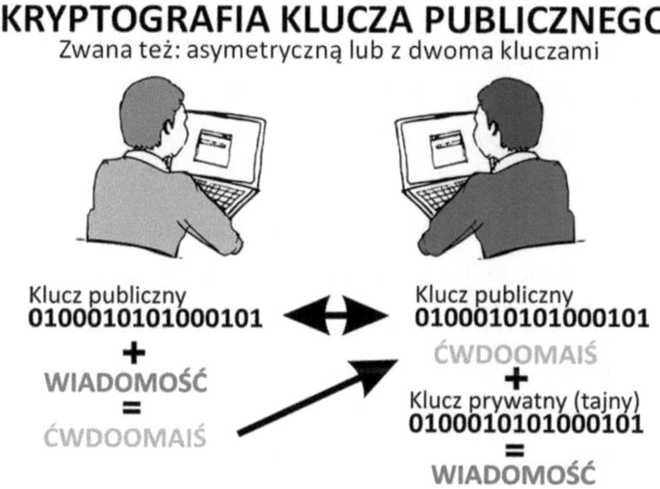

Rys. 1.4. Poglądowy schemat szyfrowania symetrycznego

System szyfrowania asymetrycznego z użyciem klucza publicznego wykorzystuje dwa matematycznie powiązane ze sobą klucze. Jeden z nich nazywany jest kluczem publicznym K, drugi – prywatnym P. Obliczenie klucza prywatnego na podstawie klucza publicznego mimo, że możliwe, jest praktycznie niewykonalne. Zamiast tego oba klucze generowane są poufnie jako para. Nadawca komunikatu przekształca oryginalny tekst jawny X przy użyciu algorytmu szyfrującego E na szyfrogram Y z wykorzystaniem klucza publicznego K odbiorcy wiadomości. Odbiorca chcąc poznać treść komunikatu używa algorytmu deszyfrującego D oraz klucza prywatnego P (tworzącego parę z udostępnionym nadawcy kluczem publicznym K) na szyfrogramie Y. W wyniku tego przekształcenia otrzymuje odtworzony tekst jawny X.
W przypadku tego scenariusza zapewniona jest przede wszystkim poufność, ponieważ tylko posiadacz klucza prywatnego jest w stanie odszyfrować wia-

domość zaszyfrowaną kluczem publicznym. Proces może przebiegać odwrotnie – nadawca może zaszyfrować wiadomość swoim kluczem prywatnym. Wtedy posiadacze jego klucza publicznego mogą odczytać wiadomość co oznacza, że wiadomość pochodzi z wiarygodnego źródła (uwierzytelnienie), ponieważ musiała zostać zaszyfrowana kluczem prywatnym. Ten scenariusz wykorzystywany jest w podpisie cyfrowym.

Kryptografia asymetryczna jest stosunkowo młoda. Jej ideę nazywaną również kryptografią z kluczem publicznym zaproponowali wspomniani już wcześniej Whitfield Diffie i Martin Hellman w 1976 roku [5]. Dwa lata przed nimi już Ralph Merkle zaproponował algorytm wymiany kluczy, ale historia szyfrów asymetrycznych sięga jeszcze wcześniej. NSA interesowało się tego rodzaju koncepcją już w latach 60-tych. Historyk David Kahn opisał kryptografię z kluczem publicznym jako *„najbardziej rewolucyjny pomysł w kryptografii od powstania szyfru polialfabetycznego w okresie renesansu"* (oryg. *the most revolutionary new concept in the field since polyalphabetic substitution emerged in the Renaissance*).

Obecnie najbardziej powszechnie używanym kryptosystemem z kluczem publicznym jest RSA [6, 8]. Polega on na obliczeniowej trudności rozkładu dużej liczby złożonej na czynniki pierwsze. Nieco mniej popularna jest kryptografia krzywych eliptycznych – ECC (ang. *Elliptic Curve Cryptography*), która opiera się na złożoności obliczeniowej dyskretnych logarytmów na krzywych eliptycznych. ECC zapewnia bezpieczeństwo podobne do RSA przy użyciu znacznie krótszych kluczy i wyższej wydajności. Współcześnie używane szyfry asymetryczne to: RSA, ElGamal i ECDH.

1.5. Szyfr RSA

Ze względu na powszechność zastosowania warto nieco dokładnej przedstawić szyfr RSA.

Zastosowanie szyfrów symetrycznych wiąże się oczywiście z poważnym problemem dystrybucji klucza. Obie strony transmisji muszą bowiem dysponować tym samym kluczem, w jakiś sposób przekazywanym, lub muszą korzystać z central dystrybucji kluczy, co niewątpliwe utrudnia lub w ogóle uniemożliwia zachowanie ich tajności.

Rys. 1.5. Twórcy algorytmu RSA [9]

Rozwiązanie tego problemu przyniosła kryptografia *klucza jawnego*. Algorytmy z kluczem jawnym wykorzystują funkcje matematyczne. Na tym właśnie polega szyfrowanie asymetryczne. Wykorzystuje się dwa klucze, jeden publiczny, jawny i drugi prywatny, niejawny chroniony, i nie przekazywany.

Jednym z pierwszych, a obecnie najbardziej popularnym asymetrycznym algorytmem kryptograficznym jest RSA Rona Rivesta, Adi Shamira oraz Leonarda Adlemana z 1977 r. Jest to jednocześnie pierwszy algorytm, który można stosować zarówno do szyfrowania jak i do podpisu cyfrowego.

Klucz publiczny umożliwia jedynie zaszyfrowanie danych i w żaden sposób nie ułatwia ich odczytania, nie musi więc być chroniony. Drugi klucz, prywatny, przechowywany pod nadzorem, służy do odczytywania informacji zakodowanych za pomocą klucza publicznego. Możliwe jest także zaszyfrowanie wiadomości za pomocą klucza tajnego prywatnego, a następnie jej odszyfrowanie za pomocą klucza publicznego. To właśnie ta własność sprawia, że RSA może służyć do cyfrowego podpisywania dokumentów.

System RSA umożliwia bezpieczne przesyłanie danych w środowisku, w którym może dochodzić do różnych nadużyć. Bezpieczeństwo szyfrowania opiera się w tym algorytmie na bardzo czasochłonnej obliczeniowo faktoryzacji (znajdowaniu czynników pierwszych) dużych liczb złożonych. Najszybszym komputerom może to obecnie zajmować wiele dziesiątków lat. Sytuacja może ulec zmianie po wprowadzeniu tzw. komputerów kwantowych, które będą działały miliony razy szybciej od współczesnych, ale to dopiero przyszłość.

1.6. Opis algorytmu RSA

System RSA to szyfr blokowy, w którym tekst jawny i zaszyfrowany są liczbami całkowitymi od 0 do *n-1* dla pewnego *n*. Korzysta on z wyrażenia potęgowego. Tekst jawny jest szyfrowany blokami, z których każdy ma wartość binarną mniejszą od pewnej liczby n. Szyfrowanie dla bloku tekstu jawnego *m* i zaszyfrowanego *c* ma następująca postać:

$$c \equiv m^e \pmod{n}$$

$$m \equiv c^d \pmod{n}$$

Wartość *n* musi być znana nadawcy i odbiorcy. Nadawca zna wartość *e*, a odbiorca *d*. Klucz publiczny to *{e, n}* ,a prywatny *{d, n}*.

Generowanie kluczy: Wybieramy dwie duże liczby pierwsze *{p, q}* i obliczamy ich iloczyn:

$$n=pq$$

oraz funkcję Eulera

$$\phi = (p-1)(q-1)$$

Wybieramy losowo liczbę $e < n$, względnie pierwszą z liczbą ϕ. Liczba e będzie kluczem szyfrującym. Znajdujemy (korzystając z rozszerzonego algorytmu Euklidesa) liczbę d taką, że

$$d \equiv e^{-1} \text{ (mod } \phi\text{), lub}$$

$$de \equiv 1 \text{ (mod } \phi\text{), d} < \phi$$

Liczby d i n są także względnie pierwsze.

Jak wspomniano liczby *{e,n}* stanowią klucz publiczny, który ujawniamy, zaś liczby *{d,n}* stanowią klucz prywatny, który powinien być ściśle chroniony.

Przy korzystaniu z algorytmu RSA bardzo ważna jest kwestia złożoności obliczeń. Pierwszy problem to znalezienie dwóch liczb pierwszych p i q. Muszą być one wybierane z dużego zbioru, aby niełatwe było ich znalezienie z iloczynu n metodą kolejnych prób. Metoda poszukiwania liczb pierwszych musi być więc dostatecznie efektywna. Obecnie nie istnieją szybkie metody poszukiwania dużych liczb pierwszych, dlatego stosuje się metodę pośrednią, polegającą na wylosowaniu liczby nieparzystej żądanego rzędu wielkości, a następnie sprawdzaniu, np. testem Millera-Rabina, czy jest to liczba pierwsza. Procedura ta jest uciążliwa, jednak wykonuje się ją tylko w celu stworzenia nowej pary kluczy. Natomiast przy szyfrowaniu i deszyfrowaniu oblicza się jedynie potęgi liczb całkowitych mod n. Przy tym pewne trudności powo-dują ogromne wartości pośrednie. Można jednak je ominąć korzystać z własności arytmetyki modulo:

$$[(a \text{ mod } n) \text{ x } (b \text{ mod } n)] \text{ mod } n = (axb) \text{ mod } n$$

zięki czemu możliwe jest zredukowanie wyników pośrednich modulo n.

1.7. Przykład liczbowy

Oto prosty przykład liczbowy algorytmu RSA (w praktyce użyte liczby są znacznie większe):

Niech dwie liczby pierwsze *p* i *q* to 7, 19

$n = pq = 133$

$\phi (n) = (p-1)(q-1) = 108$

Wybieramy $e = 5$ takie, że *e* jest liczbą względnie pierwszą z ϕ (n) i $e < \phi$ (n)

Na tej podstawie obliczamy $d = 65$ takie, że

$de = 1 \bmod \phi (n)$ i $d < \phi (n)$

$5 * x = 1 \bmod 108 = 65$

Klucz publiczny to = {5, 133}, zaś klucz prywatny to {65, 133}

Niech tekst jawny to $m = 54$

Szyfrujemy $c = 54^5 \bmod 133 = 80$

Deszyfrujemy $m = 80^{65} \bmod 133 = 54$

1.8. Bezpieczeństwo szyfru RSA

Technologia szyfrowania asymetrycznego z kluczami publicznym i prywatnym, umożliwiła wprowadzenie podpisu elektronicznego. Pozwala on na jednoznaczne i nie budzące wątpliwości podpisywanie ważnych dokumentów, plików, programów, itp. Klucz prywatny wraz z funkcją „haszującą" (tzw. skrótem dokumentu) tworzą podpis elektroniczny dokumentu – pliku, natomiast klucz publiczny weryfikuje taki podpis, sprawdzając jego prawdziwość. Podpis elektroniczny i narzędzia do jego weryfikacji, stają się zatem ważnymi elementami strategii uwierzytelniania zasobów danych.

Rozważmy sprawę bezpieczeństwa korzystania z szyfru RSA. Szyfrowanie, deszyfrowanie, podpisywanie lub weryfikacja polega w systemie RSA na potęgowaniu *modulo*** (wyjaśnienie operacji dalej). Obliczenie to jest wykonywane jako seria mnożeń *modulo*. Całe grupy użytkowników mogą korzystać z tego samego wykładnika publicznego, każdy z innym *modulo*. To sprawia, że szyfrowanie i weryfikacja są szybsze niż deszyfrowanie i podpisywanie. W typowych algorytmach potęgowania *modulo* algorytmu RSA, operacje na kluczach publicznych wymagają $O(k^2)$ kroków, operacje na kluczach prywatnych – $O(k^3)$ kroków, a generowanie klucza wymaga $O(k^4)$ kroków, gdzie *k* jest liczbą bitów w *modulo* (*O* oznacza *notację dużego O****). Szybkie techniki mnożenia takie, jak metody oparte na szybkiej transformacie Fouriera (FFT) wymagają asymptotycznie mniej kroków. W praktyce jednak nie są one tak powszechne, ze względu na większą złożoność oprogramowania; poza tym mogą być one wolniejsze przy typowych wielkościach kluczy.

Bezpieczeństwo systemu RSA opiera się więc na założeniu, że faktoryzacja (rozkład na czynniki) dużych liczb całkowitych jest trudna. Odkrycie szybkiej metody faktoryzacji bądź radykalne przyspieszenie obliczeń sprawi, że algorytm RSA stanie się nieprzydatny. A szybkość i wydajność wielu dostępnych na rynku procedur programowych i sprzętowych algorytmu RSA dynamicznie rośnie.

W literaturze zaleca się, aby w parach kluczowych stosować tzw. mocne liczby pierwsze *p* i *q*. Liczby pierwsze *p* i *q* nazywamy *mocnymi liczbami pierwszymi*, gdy największy wspólny dzielnik *p-1* i *q-1* jest mały, *p-1* i *q-1* mają duże czynniki pierwsze i *(p-1)/2* oraz *(q-1)/2* są liczbami pierwszymi. Mocne liczby pierwsze mają pewne cechy, które sprawiają, że *n* jest trudne do faktoryzacji niektórymi metodami. Jednak postęp w metodach faktoryzacji w ciągu ostatnich lat spowodował osłabienie tej zalety. Dlatego wybór mocnych liczb pierwszych nie zwiększa istotnie bezpieczeństwa algorytmu, najważniejszy jest wybór wystarczająco dużych liczb pierwszych.

Rozmiar klucza w algorytmie RSA odnosi się zwykle do wielkości modułu *n*. Liczby pierwsze *p* i *q*, powinny mieć długości zbliżone. Faktoryzacja jest wtedy trudniejsza, niż w przypadku, gdy jedna z liczb pierwszych byłaby znacznie mniejsza. Jeśli wybierzemy 768-bitowy moduł, to *p* i *q* powinny mieć długość około 384 bitów. Jeżeli dwie liczby pierwsze są bardzo sobie bliskie, to istnieje potencjalne zagrożenie bezpieczeństwa, ale prawdopodobieństwo, że dwie losowo wybrane liczby pierwsze są takie, jest znikoma. Im większy moduł, tym większe bezpieczeństwo, ale faktoryzacja wolniejsza.

Obecnie już ugruntowana jest świadomość, że użycie 512-bitowych kluczy nie zapewnia wystarczającego bezpieczeństwa zwłaszcza dla chronionych operacji finansowych. RSA Laboratories zaleca stosowanie kluczy o wielkości 1024 bitów dla firm i 2048 bitów dla instytucji certyfikujących. Kilka ostatnich standardów określa 1024-bitowe minimum dla firm. Dotychczas największym kluczem RSA, jaki udało sie rozłożyć na czynniki pierwsze, był klucz 768-bitowy, który złamano w roku 2009.

Innym zagadnieniem jest to, czy istnieje wystarczająco dużo liczb pierwszych. Już Euklides udowodnił ponad dwa tysiące lat temu, że istnieje nieskończenie wiele liczb pierwszych. Ponieważ jednak algorytm RSA ma stałą długość klucza, liczba liczb pierwszych dla użytkownika algorytmu jest ograniczona. Mimo to liczba ta jest jednak bardzo duża i wynosi około 10^{150}. To więcej niż liczba atomów w znanym wszechświecie.

RSA jest obecnie stosowany w wielu produktach na świecie. Algorytm ten jest wbudowany w wiele systemów operacyjnych, np. firmy Microsoft, Apple, Sun i Novell. Algorytm RSA można znaleźć np. w bezpiecznej telefonii, czy na kartach sieciowych. Jest on włączony do wszystkich głównych protokołów bezpiecznej komunikacji internetowej, w tym S/MIME, SSL, i S/WAN. Jest on również stosowany wewnętrznie w wielu instytucjach rządowych, wielkich korporacjach, laboratoriach i uniwersytetach.

RSA jest najszerzej stosowanym na świecie systemem z kluczem publicznym i traktowany jest *de facto* jako standard. Fakt ten jest bardzo ważny dla rozwoju gospodarki cyfrowej. Powszechne używanie jednego systemu kryptograficznego z kluczem publicznym umożliwia bowiem, przynajmniej teoretycznie, uwierzytelnianie i podpisywanie dokumentów cyfrowych za pomocą różnych programów na różnych platformach. W praktyce istnieje szereg ograniczeń lokalnych. Np. w Unii Europejskiej podpis elektroniczny obwarowany jest przepisami i normami – nie musi więc być kompatybilny z podpisem składanym na przykład w USA czy krajach azjatyckich. Ponadto sama technologia złożenia podpisu to nie wszystko, istotna jest np. kompatybilność formatów tworzonych plików.

Brak bezpiecznego uwierzytelniania był, a nawet jest nadal, główną przeszkodą w cyfryzacji obiegu dokumentów i rozwoju elektronicznych transakcji. Podpis cyfrowy jest narzędziem niezbędnym do zastąpienia dokumentów papierowych elektronicznymi. Postęp metod obliczeniowych wymusza postęp w algorytmach szyfrowania danych. Algorytm RSA, wspierany jest nowymi technikami jak np. kluczem kryptograficznym AES (ang. *Advanced Encryption Standard* – symetryczny szyfr blokowy przyjęty przez NIST jako standard FIPS-197 w wyniku konkursu ogłoszonego w roku 1997).

Wyjaśnienie oznaczeń:

*) Liczbami względnie pierwszymi nazywamy liczby, których największym wspólnym dzielnikiem jest 1. Oznacza to, że żadna liczba naturalna większa od 1 nie dzieli jednocześnie tych liczb. Rozkłady na czynniki pierwsze liczb względnie pierwszych wyróżniają się brakiem dzielników pierwszych wspólnych dla wszystkich liczb. Najmniejszą wspólną wielokrotnością liczb względnie pierwszych jest ich iloczyn. Każde dwie kolejne liczby naturalne są względnie pierwsze. Każde dwie liczby parzyste nie są względnie pierwsze.

**) Potęgowanie *modulo* jest jednym z działań arytmetyki modularnej *(arytmetyki reszt)* – działań na liczbach całkowitych, w których liczby „skracają się" po osiągnięciu pewnej wartości nazywanej modułem. Arytmetyka modularna pojawia się wszędzie tam, gdzie występuje powtarzalność i cykliczność. Korzysta się z niej w teorii liczb, teorii grup, kryptografii, informatyce, przy tworzeniu sum kontrolnych, a nawet przy tworzeniu wzorów. Wyraz *modulo* w żargonie jest nazywany jako „z dokładnością do".

***) Notacja *dużego O* służy do opisu asymptotycznego tempa wzrostu, które jest miarą określającą zachowanie wartości funkcji wraz ze wzrostem jej argumentów. Stosowane jest w teorii obliczeń, w celu opisu złożoności obliczeniowej, czyli zależności ilości potrzebnych zasobów (np. czasu lub pamięci) od rozmiaru danych wejściowych algorytmu. Notacja *dużego O* została zaproponowana po raz pierwszy w roku 1894 przez Paula Bachmanna. Później spopularyzował ją Edmund Landau, dlatego niekiedy nazywana jest notacją Landaua.

Jak dotąd nie są znane przypadki odszyfrowania informacji zakodowanych współczesnymi, 1024-bitowymi i dłuższymi kluczami asymetrycznymi, bez znajomości odpowiednich kluczy prywatnych. Świadczy to o wystarczającej na razie skuteczności algorytmu RSA w zabezpieczaniu poufnych informacji cyfrowych.

1.9. Szyfry strumieniowe

Proces szyfrowania strumieniowego odbywa się bit po bicie lub bajt po bajcie. Kolejne bity wejściowego strumienia tekstu jawnego P_i przekształcane są przez algorytm szyfrujący (może to być po prostu operacja XOR) w oparciu o kolejne bity strumienia klucza K_i na strumień bitów szyfrogramu C_i. Podczas deszyfrowania strumień bitów szyfrogramu C_i przechodzi przez algorytm deszyfrujący, który korzystając z kolejnych bitów strumienia klucza K_i odtwarza pierwotną wiadomość P_i.

Najsłabszym punktem modelu szyfrowania strumieniowego jest algorytm generujący strumień klucza K_i na podstawie wartości początkowej będącej kluczem K. Tego typu algorytmy muszą się pojawić, jeśli szyfr strumieniowy ma mieć praktyczne zastosowanie. W idealnym przypadku teoretycznym można z niego zrezygnować, co oznacza jednak, że klucz musi mieć długość równą wiadomości. Jest to poważne ograniczenie, mamy jednak do czynienia z idealnym bezpieczeństwem tak długo jak klucz pozostaje tajny.

Taki model znany jest jako *One-time Pad* jest szyfrem zaproponowanym w roku 1917 przez G. Vernama. Szyfr ten, z kluczem jednorazowym, jest dużym zbiorem o niepowtarzalnych i przypadkowych sekwencjach znaków.

W pierwotnej postaci była to jednorazowa taśma perforowana do dalekopisu. Nadawca używał każdej litery z tego zbioru do zaszyfrowania jednego znaku tekstu jawnego. Szyfrowanie, to dodanie modulo 26 jednego znaku tekstu jawnego i znaku jednorazowego klucza.

W praktyce stosuje się generatory liczb pseudolosowych, które na podstawie stosunkowo krótkiego klucza K (pełniącego rolę tzw. *ziarna*) generują znacznie dłuższy strumień bitów klucza K_i, który służy do zaszyfrowania wiadomości. Tego typu algorytmy muszą spełniać szereg kryteriów, jeśli oparte o nie szyfry strumieniowe mają być bezpieczne. Przede wszystkim generowany strumień powinien mieć rozkład możliwie najbardziej zbliżony do losowego. Strumień nie powinien również zdradzać żadnych informacji na temat klucza K, który posłużył jako ziarno do generowania strumienia K_i, oraz być możliwie nieprzewidywalny. Klasycznymi przykładami szyfrów strumieniowych są szyfry Vigenere'a z autokluczem oraz wspomniany *One-time Pad* Vernama. Współcześnie używane szyfry strumieniowe to: RC4, Salsa20, SNOW czy SOSEMANUK.

Generator strumienia klucza wytwarza strumień bitów K, który jest dodawany modulo 2 z ciągiem bitów tekstu jawnego P celem wygenerowania strumienia bitów szyfrogramu C = P⊕K.

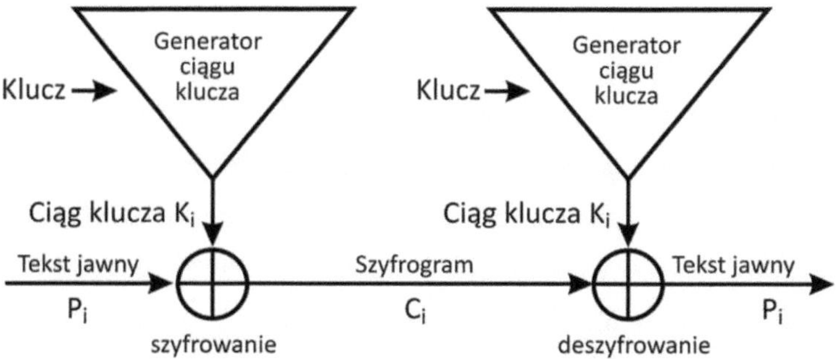

Rys. 1.6. Szyfr strumieniowy z kluczami

Bezpieczeństwo systemu zależy całkowicie od wewnętrznych właściwości generatora strumienia klucza. Jeżeli generator strumienia klucza wytwarza nieskończony ciąg zer, to szyfrogram będzie równy tekstowi jawnemu i cała operacja nie będzie miała sensu. Jeżeli generator strumienia klucza wytwarza powtarzający się wzorzec 16-bitowy, to algorytm będzie zwykłym sumatorem modulo 2 z bardzo małym, nawet pomijalnym stopniem zabezpieczenia. Jeżeli generator strumienia klucza wytwarza nieskończony strumień bitów losowych (nie pseudolosowych), to otrzymujemy klucz jednorazowy i doskonałe zabezpieczenie.

W rzeczywistości szyfry strumieniowe to coś pośredniego między prostą sumą modulo 2 i szyfrowaniem z kluczem jednorazowym. Generator strumienia klucza wytwarza ciąg bitów, który wygląda losowo, ale w rzeczywistości jest ciągiem zdeterminowanym, który może być bezbłędnie odtworzony podczas odszyfrowywania. Im bliższy postaci losowej jest ciąg wyjściowy generatora strumienia klucza, tym trudniejsze będzie jego złamanie. Jak można przypuszczać, zadanie zbudowania generatora strumienia klucza wytwarzającego losowo wyglądający ciąg nie należy do łatwych. Szyfrowanie strumieniowe polega na szyfrowaniu informacji kluczem złożonym ze strumienia danych (bitów lub znaków), nie krótszym od szyfrowanej informacji. Szyfry strumieniowe dzielą tekst M na części lub bity *1, 2,.., m*, a następnie każdy element jest szyfrowany kluczem k_i należącym do strumienia kluczy.

Szyfr strumieniowy jest okresowy, jeśli strumień klucza powtarza się dla pewnego ustalonego T po T znakach. W przeciwnym razie szyfr jest nieokresowy. Do okresowych szyfrów strumieniowych należą np. szyfry generowane przez maszyny rotorowe (Enigma - okres większy niż 26k, gdzie k oznacza liczbę rotorów, oryginalnie k = 3 oraz k = 5 , 265 = 11 881 376). Natomiast szyfr jednokrotny i szyfry z kluczem bieżącym są nieokresowymi szyframi strumieniowymi. Okres jest bardzo istotnym parametrem generatora.

Decyduje on jak długo można ten generator stosować bez zmiany parametrów początkowych.
Z teorii na temat szyfru z kluczem jednorazowym wiadomo, że niedopuszczalne jest użycie dwa razy tego samego klucza. Oznacza to, że nie można używać generatora dłużej niż wynosi jego okres, gdyż groziłoby to właśnie powtórzeniem tego samego ciągu klucza. Dlatego ważne jest aby okres generatora był jak najdłuższy, co pozwoliłoby długo używać tego samego generatora bez zmiany jego parametrów. Ponieważ konieczna jest zmiana klucza wraz z każdą wiadomością, algorytmy strumieniowe nie są zazwyczaj używane do szyfrowania wydzielonych wiadomości. Są one bardziej użyteczne w szyfrowaniu bardzo długich strumieni informacji. Mogą to być na przykład transmisje sygnałów wideo czy audio.
Ponieważ generator strumienia klucza musi wytwarzać te same wartości zarówno do szyfrowania, jak i odszyfrowywania, musi być on zdeterminowany. Ponieważ generator ten jest zbudowany z wykorzystaniem maszyny ze skończoną liczbą stanów, np. komputera, sekwencje wyjściowe mogą się powtarzać. Takie generatory strumieni klucza noszą nazwę okresowych.
Z wyjątkiem przypadku wytwarzania kluczy jednorazowych wszystkie generatory strumieni klucza są okresowe. Jak wspomniano, bardzo ważne jest uzyskanie długiego okresu dla generatora strumienia klucza i to znacznie dłuższego od liczby bitów, które generator wytworzy w czasie pomiędzy zmianami kluczy. Okres generatora strumienia klucza musi być więc o wiele rzędów wielkości większy niż podana wartość.
Głównym elementem, w oparciu o który można zbudować algorytm strumieniowy jest rejestr przesuwny ze sprzężeniem zwrotnym (ang. *LFSR Linear Feedback Shift Register*). Składa się on z ciągu bitów oraz odczepów, które są wejściem do funkcji XOR, generującej bit wchodzący do rejestru na pozycji najbardziej znaczącego bitu. Wyjściem rejestru LFSR jest bit najmniej znaczący (rys. 1.7). Aby osiągnąć maksymalny okres szyfru, wielomian charak-

terystyczny, utworzony z elementów ciągu odczepów musi być wielomianem pierwotnym.

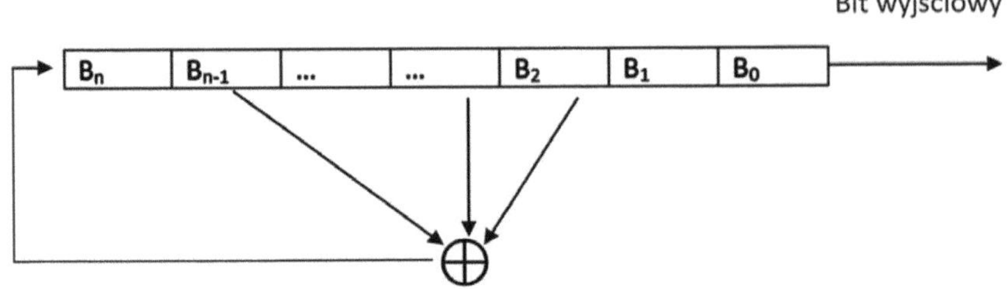

Rys. 1.7. Rejestr przesuwny ze sprzężeniem zwrotnym

1.10. Przykład szyfru strumieniowego, algorytm A5/1

Bezpieczeństwo kryptograficzne algorytmu z rejestrem LFSR jest jednak bardzo słabe. Aby je wzmocnić rozbudowuje się algorym o dodatkowe rejestry LFSR z nieliniowym ich taktowaniem. Jednym z przykładów takiego algorytmu jest A5/1 używany do szyfrowania transmisji GSM. Czas trwania ramki wynosi 4,615 milisekundy i wynosi 114 bitów. Stanem początkowym algorytmu są same zera, natomiast 64 bitowy klucz tajny razem z jawnym 22-bitowym numerem ramki służą do inicjalizacji algorytmu. A5/1 oparty jest na trzech rejestrach przesuwnych ze sprzężeniem zwrotnym R1, R2, R3, o długości 19, 22, 23 bitów. Wielomiany charakterystyczne wynoszą odpowiednio $x^{19}+x^{18}+x^{17}+x^{14}+1$, $x^{22}+x^{21}+1$ oraz $x^{23}+x^{22}+x^{21}+x^{8}+1$, a numery bitów służące do sterowania pracą rejestrów 8, 10, 10. Wyjściem algorytmu jest suma algebraiczna modulo 2 wyjść wszystkich LFSR.

Do taktowania rejestrów algorytm wykorzystuje po jednym bicie z każdego rejestru. W każdym cyklu analizowana jest zawartość tych bitów. Jeśli co najmniej dwa mają wartość 1 to taktowane są tylko rejestry, w których bity te miały wartość 1. W przeciwnym przypadku taktowane są te rejestry, które miały wartość 0. Jak widać w każdym takcie pracy algorytmu taktowane są przynajmniej 2 rejestry, każdy z prawdopodobieństwem 0,75.

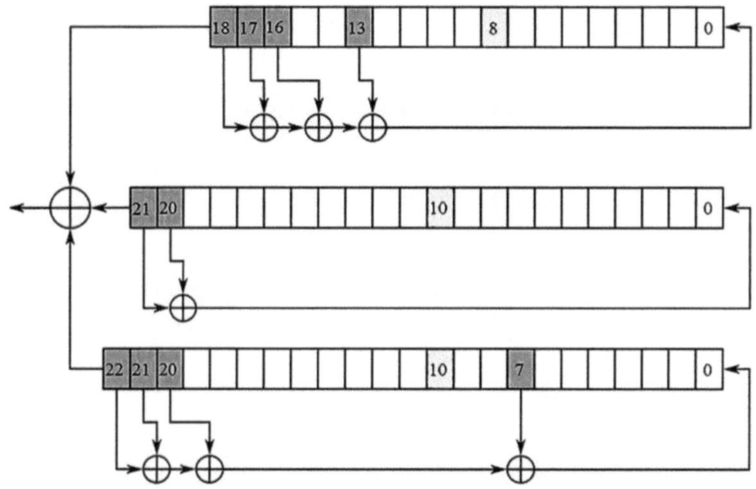

Rys 1.8. Schemat budowy algorytmu A5/1

Schemat ten można zapisać w poniższej tabeli:

Wartość R1	Wartość R2	Wartość R3	Takt R1	Takt R2	Takt R3
0	0	0	T	T	T
0	0	1	T	T	N
0	1	0	T	N	T
0	1	1	N	T	T
1	0	0	N	T	T
1	0	1	T	N	T
1	1	0	T	T	N
1	1	1	T	T	T

Praca algorytmu zaczyna się od procesu jego inicjalizacji. Najpierw, z pominięciem sterowania taktowaniem rejestrów wprowadzany jest 64 bitowy klucz, następnie 22 bitowy numer ramki. Obie te operacje trwają odpowiednio 64 i 22 takty. Kolejną operacją jest mieszanie, które trwa 100 cykli zegarowych.

W czasie tej operacji sterowanie rejestrami odbywa się w normalny sposób, natomiast wyjścia z algorytmu są ignorowane. Właściwe szyfrowanie trwa 228 rund, w czasie których generowanych jest 228 bitów strumienia szyfrującego po 114 bitów na wysłanie i odebranie ramki.
Zaletą algorytmów opartych na rejestrze LFSR jest wysoka szybkość działania i stosunkowo łatwa implementacja w rozwiązaniach sprzętowych. Jeden takt pracy zegara może odpowiadać jednemu taktowi pracy rejestru, dzięki czemu łatwo jest dostosować pracę takiego algorytmu do pracy innych urządzeń. Zauważmy przy tym, że algorytmy strumieniowe nie muszą być oparte o rejestr przesuwny ze sprzężeniem zwrotnym.

1.11. Przykład szyfru strumieniowego, algorytm Rabbit

W latach 2004-2008 organizacja ECRYPT ogłosiła konkurs eSTREAM, celem którego było zaprezentowanie nowych technologii w algorytmach strumieniowych. Jednym z algorytmów biorących udział w konkursie był algorytm Rabbit, zaprezentowany już w 2003 roku na konferencji *Fast Software Encryption*. Został on jednym z czterech laureatów konkursu w kategorii algorytmów przeznaczonych do implementacji programowej. Zgłaszany był także w kategorii algorytmów przeznaczonych do implementacji sprzętowej, jednak nie odniósł w niej większych sukcesów.
Jego budowa jest zdecydowanie bardziej skomplikowana niż algorytmu A5/1. Parametrami wejściowymi algorytmu Rabbit jest klucz o długości 128 bitów oraz wektor inicjalizujący IV o długości 64 bitów. Wektor IV jest wartością służącą do inicjalizacji algorytmów kryptograficznych. Użycie jego nie jest obowiązkowe choć jest dołączony do szyfrogramu i przesyłany jawnie.
Rabbit generuje strumień klucza w 128 bitowych blokach. Budowa tego algorytmu nie jest oparta na rejestrze przesuwnym ze sprzężeniem zwrotnym. Jego stan wewnętrzny składa się z 513 bitów podzielonych na dwie grupy po osiem 32 bitowych rejestrów ($C_0 ... C_7$, $X_0 ... X_7$) i jeden bit „b" służący za

wskaźnik przeniesienia. Cykl pracy algorytmu można podzielić na poszczególne części takie jak funkcja licznika, funkcja następnego stanu oraz ekstrakcja strumienia. Na główną rundę składa się kolejne przejście przez wszystkie z trzech części algorytmu.

Praca algorytmu rozpoczyna się od inicjalizacji, czyli zapełnienia stanu wewnętrznego bitami klucza oraz wektora IV. Klucz dzielony jest na osiem podkluczy K_j dla j=0..7. Następnie wykonywana jest operacja wg schematu, dla parzystych j: $X_j = k_{(j+1 \bmod 8)} \| k_j$, $C_j = k_{(j+4 \bmod 8)} \| k_{(j+5 \bmod 8)}$ i dla nieparzystych j: $X_j = k_{(j+5 \bmod 8)} \| k_{(j+4 \bmod 8)}$, $C_j = k_j \| K_{(j+1 \bmod 8)}$.

Operacja II oznacza konkatenację, czyli złączenie dwóch wartości. Po zapełnieniu wszystkich X oraz C następuje wykonanie czterech iteracji par funkcji licznika i następnego stanu. Ostatnim elementem inicjalizacji klucza jest uaktualnienie stanów $C_j = C_j \oplus X_{(j+4 \bmod 8)}$.

Następnie wykonywana jest inicjalizacja wektora IV. Polega ona na dodaniu wartości bitów o numerach IV[63..0] do stanów C:

$C_0 = C_0 \oplus IV\,[31..0]$

$C_1 = C_1 \oplus (IV\,[63..48] \,||\, IV\,[31..16])$

$C_2 = C_2 \oplus IV\,[63..32]$

$C_3 = C_3 \oplus (IV\,[47..32] \,||\, IV\,[15..0])$

$C_4 = C_4 \oplus IV\,[31..0]$

$C_5 = C_5 \oplus (IV\,[63..48] \,||\, IV\,[31..16])$

$C_6 = C_6 \oplus IV\,[63..32]$

$C_7 = C_7 \oplus (IV\,[47..32] \,||\, IV\,[15..0])$

Z kolei wykonywana jest czterokrotna iteracja pary funkcji licznika i następnego stanu.

Tak przygotowany algorytm jest już gotowy do działania. Na jego rundę składają się trzy, kolejno wykonywane po sobie funkcje. Funkcja licznika, funkcja następnego stanu oraz ekstrakcja strumienia. Funkcja licznika służy do uaktualniania stanu C.

$C_0 = C_0 + A_0 + b_{(j-1)}$ modulo 2^{32}

$C_1 = C_1 + A_1 + b_0$ modulo 2^{32}

$C_2 = C_2 + A_2 + b_1$ modulo 2^{32}

$C_3 = C_3 + A_3 + b_2$ modulo 2^{32}

$C_4 = C_4 + A_4 + b_3$ modulo 2^{32}

$C_5 = C_5 + A_5 + b_4$ modulo 2^{32}

$C_6 = C_6 + A_6 + b_5$ modulo 2^{32}

$C_7 = C_7 + A_7 + b_6$ modulo 2^{32}

Natomiast bit przeniesienia przyjmuje wartości: bj = 1 jeżeli $C_0 + A_0 + b'_7$ modulo 2^{32} dla j = 0, 1 jeżeli $C_j + A_j + b_{(j-1)}$ modulo 2^{32} dla j > 0, w przeciwnym przypadku 0. Operacja + oznacza dodawanie algebraiczne. Stałe mają wartości A0 = 0x4D34D34D, A1 = 0xD34D34D3, A2 = 0x34D34D34, A3 = 0x4D34D34D, A4 = 0xD34D34D3, A5 = 0x34D34D34, A6 = 0x4D34D34D, A7 = 0xD34D34D3.

Głównym elementem algorytmu Rabbit jest funkcja następnego stanu i to przede wszystkim na niej opiera się bezpieczeństwo całego algorytmu. Jej podstawowym działaniem jest funkcja G opisana wzorem: $G_j = (X_j + C_j) \oplus ((X_j + C_j) << 32) \bmod 2^{32}$, gdzie <<*i* oznacza rotację w lewo o *i* bitów. Drugim elementem funkcji następnego stanu jest uaktualnienie rejestru X według opisu:

$X_0 = G_0 + (G_7 <<< 16) + (G_6 <<< 16)$

$X_1 = G_1 + (G_0 <<< 8) + G_7$

$X_2 = G_2 + (G_1 <<< 16) + (G_0 <<< 16)$

$X_3 = G_3 + (G_2 <<< 8) + G_1$

$X_4 = G_4 + (G_3 <<< 16) + (G_2 <<< 16)$

$X_5 = G_5 + (G_4 <<< 8) + G_3$

$X_6 = G_6 + (G_5 <<< 16) + (G_4 <<< 16)$

$X_7 = G_7 + (G_6 <<< 8) + G_5$

Ostatnią czynnością wykonywaną w każdej rundzie jest ekstrakcja strumienia szyfrującego. Przebiega ona wg schematu:

$S[15..0] = X_0[15..0] \oplus X_5[31..16]$,

$S[31..16] = X_0[31..16] \oplus X_3[15..0]$,

$S[47..32] = X_2[15..0] \oplus X_7[31..16]$,

$S[63..48] = X_2[31..16] \oplus X_5[15..0]$,

$S[79..64] = X_4[15..0] \oplus X_1[31..16]$,

$S[95..80] = X_4[31..16] \oplus X_7[15..0]$,

$S[111..96] = X_6[15..0] \oplus X_3[31..16]$

Z wyjścia S pobierane są 128 bitowe bloki strumieni szyfrującego. Jest to całkiem odmienne podejście niż przy poprzednim algorytmie. W A5/1 w jednym takcie zegara generowany był jeden bit strumienia szyfrującego. Jednak zaznaczyć trzeba, że Rabbit jest algorytmem ogólnego przeznaczenia projektowanym przede wszystkim do zastosowania w implementacjach programowych. A5/1 jest algorytmem implementowany w sprzęcie i projektowanym do konkretnego zastosowania: do szyfrowania transmisji w sieciach GSM.

Na przykładzie algorytmów A5/1 oraz Rabbit widać wyraźnie jak odmienne może być podejście do budowy szyfrów strumieniowych. W pierwszym przypadku zastosowano trzy rejestry liniowe ze sprzężeniem zwrotnym, sterowane w nieregularny sposób, a wyjście z każdego z nich bierze udział w generowaniu strumienia szyfrującego. Takie rozwiązanie jest łatwe w implementacji. Algorytm Rabbit został zorientowany przede wszystkim na bezpieczeństwo. W celu jego zapewnienia została stworzona funkcja G.

1.12. Szyfry blokowe

Szyfr blokowy przetwarza poszczególne bloki tekstu jawnego M jak odrębne całości i dla każdego z nich w drodze przekształceń produkuje szyfrogram C tej samej długości n bitów co oryginalny tekst jawny M. Przeważnie stosowane bloki o długości 64 lub 128 bitów.

Podobnie jak w przypadku szyfru strumieniowego obaj uczestnicy komunikacji współdzielą ten sam klucz K. Proces deszyfrowania to po prostu odwrotność szyfrowania - na wejście algorytmu podajemy szyfrogram C oraz klucz K, a na jego wyjściu otrzymujemy tekst jawny M. Przy wykorzystaniu różnych trybów operacyjnych (łańcuchowanie bloków szyfrogramu – CBC, sprzężenie zwrotne szyfrogramu – CFB, sprzężenie wyjściowe – OFB) za pomocą szyfru blokowego można osiągnąć efekty podobne do tych, jakie dają szyfry strumieniowe.

Szyfry blokowe mają znacznie szersze zastosowanie niż szyfry strumieniowe: większość aplikacji sieciowych realizujących szyfrowanie symetryczne wykorzystuje właśnie szyfry blokowe, a nie strumieniowe. Współcześnie używane szyfry blokowe to: AES, Blowfish, DES, 3DES, Serpent czy Twofish.

1.13. Jednokierunkowe funkcje skrótu (funkcje *hash*)

Jednokierunkowa funkcja skrótu (haszująca) H przekształca komunikat lub blok danych M o dowolnej długości na wartość *h* zwaną skrótem (haszem) o ustalonej długości. Tego rodzaju algorytm kryptograficzny musi być przede wszystkim deterministyczny – dla konkretnego wejścia zawsze musimy otrzymać ten konkretny wynik. Funkcja haszująca musi spełniać szereg kryteriów, żeby mogła zostać uznaną za dobrą i przydatną w zastosowaniach kryptograficznych.

Po pierwsze zgodnie ze swą nazwą musi być jednokierunkowa (nieodwracalna), czyli ze skrótu (hasza) *h* nie powinno być możliwe odzyskanie bloku M, czyli oryginalnych danych wejściowych.

Najdrobniejsza zmiana w danych wejściowych M musi skutkować zauważalną różnicą w wynikowej funkcji *h*. Istnienie dwóch różnych danych wejściowych M o tej samej funkcji wynikowej *h* (tzw. kolizja) musi być możliwie najmniej prawdopodobne. Współcześnie używane funkcje haszujące to: MD5, SHA-1, SHA-2 czy Whirlpool.

1.14. Podpis elektroniczny (cyfrowy) w skrócie

Podpis cyfrowy nie jest algorytmem samym w sobie. To mechanizm uwierzytelniania, który umożliwia autorowi wiadomości dołączenie do tej wiadomości danych pełniących funkcję podpisu będącego świadectwem jej autentyczności. Pracę z podpisem cyfrowym można podzielić na dwie części. Pierwsza z nich to proces generowania podpisu przez autora wiadomości, zaś druga to proces weryfikacji tej autentyczności przez zainteresowane podmioty.

Nadawca wiadomości M na samym początku generuje za pomocą funkcji haszującej H, wspomniany już skrót *h*. Potem używa swego klucza prywatnego K w asymetrycznym algorytmie szyfrującym S, który tworzy zaszyfrowaną wersję *hasza*, czyli podpis cyfrowy O. Podpis ten dołączany jest do wiadomości M.

Proces weryfikacji autentyczności podpisu cyfrowego jest następujący. Najpierw wiadomość M oraz jej podpis O zostają od siebie oddzielone. Wiadomość M zostaje przetworzona przez funkcję haszującą H będącą dokładnie tym samym algorytmem co funkcja użyta podczas generowania podpisu. W efekcie otrzymujemy skrót (*hash*) h. Podpis O zostaje odczytany przy użyciu funkcji deszyfrującej algorytmu asymetrycznego D i przy użyciu klucza publicznego nadawcy P. Otrzymujemy dzięki temu hasz h'. Jeśli h jest różne od h' to oznacza, że doszło do manipulacji albo treścią wiadomości, albo podpisem cyfrowym.

Podpis elektroniczny miał być narzędziem dla wszystkich, a mimo upływu już 15 lat, jest w zasadzie produktem niszowym, wykorzystywanym jedynie przez niektóre firmy i to w ograniczonym zakresie. Statystyka aktywnych certyfikatów kwalifikowanych, zgodnie ze stanem na rok 2015 według danych Ministerstwa Rozwoju, jest następująca. Liczba certyfikatów wydanych od początku działalności podmiotów: **1 093 065.** Liczba aktywnych certyfikatów kwalifikowanych: **318 182** (zaledwie 1/3). Natomiast liczba aktywnych firm była wówczas w Polsce ok. 2 mln. Liczba dorosłych obywateli to około 28 mln.

Tylko 1 % potencjalnych użytkowników dysponuje więc aktywnym podpisem kwalifikowanym.

Przyczyny tego stanu są różne: użytkowe, prawne, techniczne, ekonomiczne, socjologiczne i jeszcze wiele innych. Do głównych wad podpisu elektronicznego należy przede wszystkim konieczność stosowania sprzętu i infrastruktury informatycznej (komputer, dostęp do Internetu) oraz płatnego zestawu do podpisu (czytnik do karty, karta kryptograficzna, certyfikat, program obsługi). Zgubienie lub kradzież klucza prywatnego grozi dramatycznymi konsekwencjami. Należy przy tym zauważyć, że samo używanie klucza prywatnego nakłada np. na osobę decyzyjną w firmie (90% aktywnych certyfikatów utrzymują firmy) szereg czynności, których osoba ta nie musiałaby osobiście wykonywać w przypadku podpisu odręcznego. Stosowanie podpisu elektronicznego może więc zamiast oszczędzić pracy, wydatnie jej przysporzyć. Byłoby oczywiście łatwiej, gdyby kartę z czytnikiem oraz hasła i inne dane do logowania powierzono któremuś z pracowników (to jest nagminne w firmach). To akurat w gruncie rzeczy przekreśla sens stosowania podpisu elektronicznego, ale jak dotąd, nikomu to nie przeszkadza. Nie mniej istotne są przyczyny natury prawnej.

W Polsce pojęcie podpisu elektronicznego zdefiniowano w bardzo nieprecyzyjnej ustawie z września 2001 roku. W rezultacie obecnie całą sferę podpisu elektronicznego oraz jego stosowania obejmuje ponad 30 głównych i uzupełniających aktów prawnych różnej wagi, zupełnie niekompletnych, często sprzecznych ze sobą.

Co gorsza, nawet dobre regulacje prawne nie zlikwidują ograniczeń stosowania podpisu elektronicznego, które bezpośrednio wynikają z immanentnych, technicznych i prawnych cech obecnych procedur. Dotyczy to np. podpisywania dokumentów dotyczących ksiąg wieczystych, które muszą być przechowywane przez 50 lat, a które po 20 latach od podpisania elektronicznego staną się nieweryfikowalne, gdyż okres przechowywania certyfikatów klucza publicznego w repozytorium wynosi lat 20. Dotyczy to także np. notariatu, urzędów stanu cywilnego, urzędów patentowych czy sfery urbanistyki i zagospodarowania przestrzennego. W tych ostatnich przypadkach chodzi również o to, że podpisem elektronicznym w obecnej postaci nie da się podpisywać klasycznymi algorytmami form graficznych: planów i rysunków, oznaczeń geograficznych, topografii układów scalonych czy planów zagospodarowania przestrzennego.

W większości sytuacji życia codziennego i gospodarczego nie jest konieczne zawieranie umów w formie pisemnej pod rygorem nieważności, a to oznacza, że nie jest także konieczne – w razie zawierania takich umów w formie elektronicznej, stosowanie certyfikowanego podpisu elektronicznego. W praktyce składania podań i pism zwycięża system **ePUAP** i jego **profil zaufany**, czyli bezpłatna metoda potwierdzania tożsamości obywatela Polski w kontaktach z administracją, a także wspomniany już program **e-Deklaracje** Ministerstwa Finansów, który umożliwia składanie deklaracji podatkowych bez konieczności użycia kwalifikowanego podpisu elektronicznego. Należy jednak podkreślić, że uciążliwości podpisu elektronicznego wynikają z aplikacji, a nie zasady działania. Aplikacja e-Deklaracje korzysta właśnie z instrumentarium kryptografii klucza publicznego przez potwierdzanie wysyłanego formularza liczbą z oprzedniej deklaracji.

1.15. Zastosowania kryptografii klucza publicznego

Era kryptografii klucza publicznego rozpoczęła się w 1976 roku opublikowaniem fundamentalnej pracy Martina Hellmana i Whitfielda Diffiego [5]. Okazało się, że zaproponowany system kryptograficzny jest niezwykle potrzebny informatyce, której dynamiczny rozwój w drugiej połowie XX wieku prowadził ku jednemu: masowemu przepływowi informacji w postaci cyfrowej w sieci globalnej. Bez ochrony tych informacji nie byłaby w ogóle możliwa jakakolwiek transmisja cyfrowa w komunikacyjnej infrastrukturze publicznej. Wszystkie współczesne dane cyfrowe są bowiem wrażliwe na publiczne ujawnianie – od informacji wymienianych między osobami prywatnymi począwszy, na działaniu korporacjij skończywszy. Oto cztery zastosowania systemów kryptograficznych klucza publicznego, które tworzą dzisiejszą rzeczywistość, wymienione w porządku chronologicznym:

1991

Poczta elektroniczna, protokół PGP (*Pretty Good Privacy* czyli Całkiem Niezła Prywatność) autorstwa Phila Zimmermanna udostępniony przez niego powszechnie i bez wynagrodzenia. PGP jest jeszcze i dziś trudny do złamania nawet przez służby. Bez tego protokołu wszystkie e-maile byłyby jawne i niechronione

1989 (ISO), **1999** (EC), **2001** (PL)

Podpis elektroniczny. Wdrażany w Polsce i Unii Europejskiej z dużym wysiłkiem prawnym. Podstawa informatyzacji administracji.

2008

System kryptograficzny waluty Bitcoin. Oficjalnie niezaakceptowany system waluty informatycznej, ale działający w rzeczywistym obrocie pieniądza w skali światowej, w niepomijalnym zakresie. System ten jest prekursorem rozwoju innych usług, finansowych i niefinansowych opartych na wykorzystaniu technologii *łańcucha bloków*.

2011

Silent Circle, Silent Network. Phil Zimmermann (ponownie), Mike Janke, Jon Callas. System mobilnej cyfrowej łączności szyfrowanej, niemożliwy (jak na razie) do podsłuchu, nawet przez NSA. Umożliwia bezpieczne połączenia głosowe, wideo-czat i połączenia konferencyjne, w jakości HD, w sieciach 3G/4G i Wi-Fi.

2. PIENIĄDZ A KRYPTOWALUTA

2.1. Pieniądz - podstawowe określenia

Gdy wprowadzono pierwsze pieniądze papierowe, czyli banknoty lub bilety bankowe, miały one pokrycie w złocie. Obecnie są emitowane wyłącznie pieniądze papierowe, które są jedynie definiowane prawnie jako legalny środek płatniczy na danym obszarze. Obrót takim pieniądzem opiera się na zaufania do emitenta, które zawsze bywa nadwerężane nadmierną emisją. Byłoby więc sensowne dysponować pieniądzem, który nie opiera się na zaufaniu, nie zależy od nikogo i nie może być swobodnie emitowany.
Takim pieniądzem są właśnie *kryptowaluty*.

Pieniądz to *towar* uznany w wyniku ogólnej choć oczywiście, siłą rzeczy, lokalnej zgody jako środek wymiany gospodarczej (rys. 2.1), w którym są wyrażone ceny i wartości wszystkich innych towarów. Jest to materialny lub niematerialny środek, który może być wymieniony na towar lub usługę. *Waluta* natomiast jest środkiem rozliczeniowym oraz środkiem regulowania płatności w transakcjach międzynarodowych.

Na pieniądz składają się trzy elementy: *jednostka pieniężna*, *suma pieniężna*, *znak pieniężny*. Podstawowe rodzaje pieniądza to pieniądz *gotówkowy* (pieniądz kruszcowy, metalowy i papierowy czyli monety i banknoty), pieniądz *rozrachunkowy*, czyli bezgotówkowy (czeki, weksle, obligacje, bony, karty płatnicze i kredytowe) oraz pieniądz *elektroniczny*.

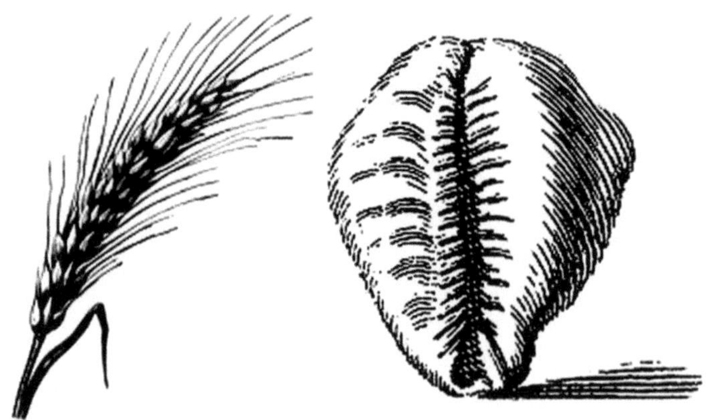

Rys. 2.1. Pierwotne środki wymiany gospodarczej: zboże i muszle [1]

Pieniądz *elektroniczny* czyli *cyfrowy*, został w Polsce zdefiniowany ustawą *Prawo bankowe* (z dnia 29 sierpnia 1997 roku) jako wartość pieniężna stanowiąca elektroniczny odpowiednik znaków pieniężnych, która spełnia łącznie następujące warunki:

- jest przechowywana na elektronicznych nośnikach informacji,
- jest wydawana do dyspozycji na podstawie umowy w zamian za środki pieniężne o nominalnej wartości nie mniejszej niż ta wartość,
- jest przyjmowana jako środek płatniczy przez przedsiębiorców innych niż wydający ją do dyspozycji,
- na żądanie jest wymieniana przez wydawcę na środki pieniężne, i
- jest wyrażona w jednostkach pieniężnych.

W prawie Unii Europejskiej istnieje dyrektywa 2000/46/EC Parlamentu Europejskiego i Rady z 18 września 2000 r. w sprawie podejmowania i prowadzenia działalności przez instytucje pieniądza elektronicznego oraz nadzoru nad ich działalnością (Dz. Urz. WE L 275 z 27.10.2000 r.). Zgodnie z tą dyrektywą pieniądz elektroniczny jest surogatem monet i banknotów, wartością pieniężną, reprezentowaną przez roszczenie wobec emitenta, przechowywaną na urządzeniu elektronicznym (w postaci np. karty mikroprocesorowej czy pamięci) oraz przeznaczoną do dokonywania płatności elektronicznych. Zwróćmy uwagę, że pieniądz elektroniczny jest informacją, a nie bytem fizycznym, jak banknot lub kawałek metalu. W pewnym sensie informacją jest również każdy pieniądz wyrażony w jednostkach, których liczba widnieje na znaku pieniądza, lecz znak ten jest obiektem fizycznym: metalem, papierem lub innym tworzywem.

Pieniądz spełnia cztery główne funkcje ekonomiczne:

– jest środkiem wymiany w transakcjach kupna-sprzedaży. Dzięki niemu mogło nastąpić rozdzielenie w czasie transakcji kupna-sprzedaży na transakcję kupna oraz transakcję sprzedaży, które nie występują jednocześnie,

– jest miernikiem wartości innych towarów w postaci ceny. Aby określić cenę towaru lub usługi nie trzeba posiadać pieniądza, gdyż pełni on rolę miernika wartości również abstrakcyjnie.

– jest środkiem płatniczym, gdy zapłata za towar lub usługę nie następuje jednocześnie z dostawą. Pieniądz spełnia funkcję środka płatniczego również przy realizacji innych zobowiązań, jak np. podatków i opłat, wynagrodzeń pracowników, spłaty kredytów itp.

– jest środkiem przechowywania wartości czyli tezauryzacji. Aby prawidłowo spełniał tę funkcję pieniądz musi posiadać zaufanie podmiotów gospodarczych i ludności, w szczególności zaś musi przeważać przekonanie, że jego siła nabywcza nie zmniejszy się w znacznym stopniu.

2.2. Rodzaje pieniądza

Pieniądzem może być każdy towar, który jest przyjmowany powszechnie w danej populacji jako zapłata za inne towary lub usługi, czyli jest środkiem wymiany. Z wielu względów już w najstarszych cywilizacjach tym środkiem wymiany stał się pieniądz metalowy (kruszcowy). Najpierw były to małe kuliste grudki rzadkiego metalu bądź stopu, z których później bito monety. Monety bito m. in. dlatego, by nie potrzeba było ważyć kawałków metalu i badać jego próby, czyli sprawdzać ich rzeczywistej wartości. Gwarantem tej wartości był organ emitujący, najczęściej władcy. Narzucali oni monopol bicia monety również po to, by odnosić korzyści z procederu psucia pieniądza, właśnie przez zaniżanie wagi i zastępowaniem metalu drogiego – tańszym.

Rys. 2.2. Pierwotna moneta z Lidii (cywilizacja grecka, VI w. p.n.e.) ze stopu srebra i złota. Kwadratowe wgłębienia na rewersie wynikały z niedoskonałej jeszcze techniki bicia [2].

Z czasem, ze względów praktycznych, pieniądz kruszcowy zastąpiono pieniądzem papierowym wymienialnym na kruszec – banknotami, które były dokumentem poświadczającym posiadanie przez emitenta pewnej ilości np. złota. Tylko kilka państw w historii emitowało takie pieniądze, inne nie były w stanie utrzymać odpowiednich rezerw złota, nawet przy częściowej tylko wymienialności. czasem liczba tych państw malała. Ostatnią walutą opartą na złocie były do 1971 roku dolary USA.

Obecnie emitowane są wyłącznie pieniądze *fiducjarne* (łac. *fides – wiara*), które nie mają oparcia w dobrach materialnych jak np. kruszce, a są definiowane prawnie jako jedyny legalny środek płatniczy na danym obszarze. Mogą to być pieniądze papierowe, monety bite z metali nieszlachetnych lub monety bite z metalu szlachetnego, lecz o małej względem nominalnej wartości ilości kruszcu. Pieniądz fiducjarny nie posiada wartości samoistnej, wymaga zaufania do emitenta, czyli w istocie zaufania do państwa, które emituje daną walutę. Podstawową wadą pieniądza fiducjarnego jest to, że można go wygenerować dowolnie dużo. Taka nadmierna emisja powoduje inflację, niekiedy bardzo dużą, co podważa zaufanie, a zatem istotę tego pieniądza.

2.3. Pieniądze w internecie. Bitcoin (BTC)

Jak już wspomniano, w obrocie międzynarodowym pieniądz (ang. *money*) określa się nazwą waluta (ang. *currency*), zaś określenie *elektroniczny*, czy *cyfrowy* jest zastępowane słowem *wirtualny* (ang. *virtual*). Jeśli obieg waluty wirtualnej zabezpieczany jest technikami kryptograficznymi, to taką walutę nazywa się *kryptowalutą*.

Internet jest globalną i bardzo efektywną siecią przesyłania i wymiany informacji. A ponieważ pieniądz stał się informacją, musiało dojść do licznych prób stworzenia internetowych systemów monetarnych, opartych na wirtualnej walucie, w tym także, niezwykle atrakcyjnych dla użytkowników, systemów niezależnych od władz i administracji państw.

Bitcoin jest pierwszą implementacją pomysłu kryptowaluty, zasygnalizowaną w 1998 r. przez osobę o loginie Wei Dai na liście mailingowej *cypherpunków* [3]. Podstawy tej kryptowaluty zostały natomiast opisane w 2009 r. przez osobę o pseudonimie Satoshi Nakamoto [4].

Rys. 2.3. Rózne wersje monochromatyczne loga Bitcoin

Nie jest wiadome, czy *Satoshi Nakamoto* to nazwisko jednego człowieka, czy pseudonim grupy programistów, powiązanej, jak się domniemywa, ze środowiskiem hakerskim. Nazwą *Bitcoin* określa się także oprogramowanie typu *open source* oraz sieci *peer-to-peer* (P2P), którą to oprogramowanie formuje.

2.4. Pieniądz wirtualny a kryptowaluta

Wirtualnymi środkami płatniczymi posługujemy od dawna i na co dzień. To na przykład przelewy, czeki, karty płatnicze i kredytowe, a także portfele płatnicze w telefonach komórkowych. Istnieje ponadto wiele wirtualnych internetowych środków płatniczych, np. w aplikacjach komputerowych, ale wszystkie one nie są społeczne, tzn. mają emitenta lub zarządcę. Zaś wartość wymienna środków płatniczych konkretnego emitenta zależy przede wszystkim od działań tego emitenta (nadmierna emisja, de- lub rewaluacja, wymiany, interwencje kursowe itp.).

Kryptowaluty natomiast są *społecznymi* środkami płatniczymi, których wartość wymienna zależy wyłącznie od podaży i popytu. Wartość jednostki każdej kryptowaluty może zmieniać się np. tysiąckrotnie w ciągu krótkiego czasu, a także może podlegać grze spekulacyjnej. Na pewno jednak nie zależy od emitenta, bo on nie istnieje. Emitentem są *de facto* użytkownicy nowego pieniądza. System kryptowalutowy z kolei, to po prostu pewne, rozproszone w sieci, automatycznie działające oprogramowanie kryptograficzne. To, co będzie się działo po umieszczeniu systemu na serwerach sieci zależy jedynie od zdefiniowanych procedur i użytkowników. Co więcej, ogólna wymienna wartość rynkowa środków płatniczych definiowanych przez taki system zależy przede wszystkim od tego, ile podmiotów włączy się do obrotu.

Zauważmy więc, że nową kryptowalutę może powołać każdy programista lub zespół informatyków. Nie jest przy tym potrzebny żaden kapitał ani definiujący system prawny. Wystarcza napisanie odpowiedniego programu i umieszczenie go w sieci. Braku zainteresowania użytkowników sieci jednostką takiej kryptowaluty oznaczać będzie zerową wartość wymienną takiej waluty.

Obecnie istnieje w sieci kilkaset kryptowalut i stale powstają nowe. Nasuwa się więc pytanie, dlaczego pierwsze kryptowaluty zostały zdefiniowane dopiero w pierwszej dekadzie XXI wieku? Odpowiedź jest prosta: do zdefiniowania systemu kryptowalutowego niezbędne jest wykorzystanie narzędzi matematycznych kryptografii współczesnej, a zwłaszcza funkcji obliczeniowych i algorytmów opracowanych dopiero w ostatnim dwudziestoleciu, jak na przykład kryptografii klucza publicznego, technologii łąńcucha bloków (*blockchain*), funkcji skrótu (*hash*) czy procedur *Proof of Work* (*hashcash*).

3. KRYPTOWALUTA Bitcoin

3.1. Opis wstępny

Bitcoin jest pierwszą implementacją kryptowaluty, opisanej, jak już wspomniano, w 1998 roku przez Wei Dai na liście mailingowej *cypherpunków* [3]. Jest to waluta wirtualna sformułowana pierwotnie w 2009 roku w artykule pt. *Bitcoin: A Peer-to-Peer Electronic Cash System* autorstwa Satoshi Nakamoto [4] przy czym nie jest wiadome, czy *Satoshi Nakamoto* to nazwisko konkretnego człowieka, czy też pseudonim grupy programistów, powiązanej, jak się domniemywa, ze środowiskiem hakerskim). Tą samą nazwą *Bitcoin* określa się też oprogramowanie typu *open source* oraz sieci *peer-to-peer* (P2P), która to oprogramowanie formuje.

Wirtualne pieniądze, *bitcoiny* (po spolszczeniu *bitmonety*), o skrócie literowym jednostki *BTC,* mogą być zapisane w pliku na dysku komputera właściciela, w tzw. portfelu (*Bitcoin Wallet*) lub przetrzymywane w zewnętrznym serwisie. W każdym z tych przypadków mogą one być przesyłane przez Internet do wszystkich osób, które zainstalowały klienta *Bitcoin,* z podobnym wirtualnym portfelem.

System ten **nie opiera się na zaufaniu** względem centralnego emitenta, korzysta natomiast z internetowej zdecentralizowanej bazy danych w sieci *peer-to-peer* (rys. 3.1) oraz zaawansowanych technik kryptograficznych w celu zapewnienia podstawowych funkcji bezpieczeństwa.

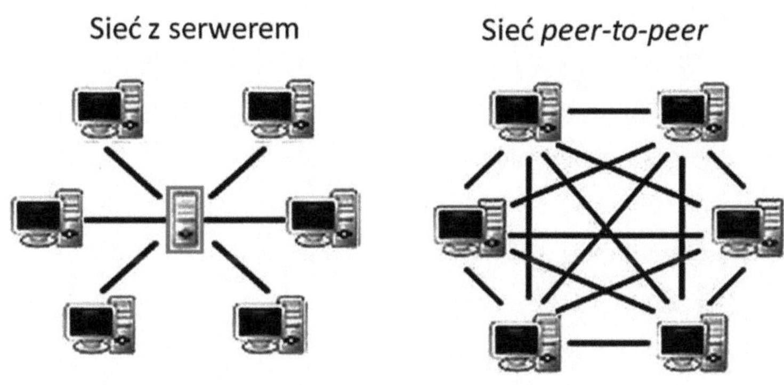

Rys. 3.1. Sieć z serwerem i sieć *peer-to-peer*

W oprogramowaniu Bitcoin zakodowany jest na stałe mechanizm kontroli inflacji, znany z góry wszystkim uczestnikom systemu, którego celem jest stopniowe wyemitowanie z góry określonej i nieprzekraczalnej liczby jednostek waluty. Generacja odbywa się losowo na komputerach użytkowników, według ściśle określonego terminarza. Topologia sieci oraz brak centralnej administracji uniemożliwiają z kolei manipulację wartością waluty jakiejkolwiek rządowej czy innej organizacji lub jednostce. Możliwa jest jednak bańka spekulacyjna, ponieważ kurs waluty podlega normalnej grze rynkowej. Sieć Bitcoin zapewnia prawie anonimowe posiadanie własności oraz jej transfery.

Powszechnie stosowane metody płatności internetowych, jak np. przelewy z konta bankowego czy płatności kartą polegają bowiem na uprzednim utworzeniu bezpiecznego kanału, chronionego różnymi hasłami i odpowiednimi protokołami. Oczywiście taki kanał zawiera dane użytkownika, które są przechowywane w zasobach banku lub podobnej instytucji zapewniającej dostęp do konta.

W sieci Bitcoin nie ma banku, nie ma chronionych kanałów informacji, nie ma stałych kont. Przesyłane informacje, czyli transfery finansowe, muszą być więc zakodowane, gdyż wchodzą w sieć publiczną. W tym celu w systemie używa się algorytmów symetrycznych z kluczem publicznym i prywatnym oraz funkcji skrótu (tzw. *hash* wspomnianej już wcześniej i opisanej dalej), a więc podobnej technologii kryptograficznej, jaka jest wykorzystywana w procedurach podpisu elektronicznego [11].

Czym jest więc Bitcoin? Jednostką kryptowaluty? Tak.

Ideą niezależnego pieniądza? Też.

Systemem informatycznym? Także.

Bitcoin – to system oprogramowania, oparty na technologii tzw. łańcucha bloków (*blockchain*), będący próbą realizacji idei niezależnego, społecznego, wirtualnego środka płatniczego, definiujący obrót i przechowywanie jednostek płatniczych o nazwie bitcoin.

Należy przy tym zauważyć, że:

1. Wirtualnymi środkami płatniczymi posługujemy się na co dzień (konta bankowe, karty płatnicze itd.)
2. Istnieje wiele wirtualnych internetowych środków płatniczych, np. w grach i aplikacjach komputerowych, ale wszystkie one **nie** są społeczne, tzn. mają emitenta lub zarządcę
3. Wartość wszystkich środków płatniczych mających emitenta zależy przede wszystkim od działań tego emitenta jak np. nadmierna emisja, de- lub rewaluacja, wymiany pieniądza, interwencje. Wartość społecznych środków płatniczych zależy wyłącznie od podaży i popytu. Wartość ta może zmieniać się np. tysiąckrotnie w ciągu tygodnia i może podlegać grze spekulacyjnej.

4. W oprogramowaniu Bitcoin wykorzystano współczesne metody kryptografii, szereg procedur a także algorytmów matematycznych oraz funkcji obliczeniowych opracowanych w ostatnich latach, w tym: kryptografii klucza publicznego, funkcji skrótu (*hash*), procedury *Proof of Work* (*hashcash*)
5. Wreszcie – nie wiadomo dotąd, kto jest autorem tego systemu.

***Bitcoin* a władze.** Odmiennie niż w przypadku konwencjonalnej waluty fiducjarnej Bitcoin nie pozwala żadnemu nadzorcy kontrolować waluty bowiem ma zdecentralizowaną naturę. Przelewanie płatności jest prostsze niż w systemach bankowych. Każdy użytkownik jest anonimowy, nie musi używać ani podawać żadnych danych osobowych, może też używać nieograniczonej liczby kont. Walutę można nabyć na sposób pierwotny – poprzez wygenerowanie nowych jednostek lub wtórny – poprzez ich nabycie w drodze wymiany bądź darowizny.

Nie istnieją w systemie jakiekolwiek organy zarządcze czy kontrolne. Cała konstrukcja ma charakter czysto publiczny i nie istnieją podmioty, które byłyby w jakikolwiek sposób uprzywilejowane. Emitentem, rejestratorem i posiadaczem jest każdy użytkownik systemu.

3.2. Zagadnienia prawne kryptowaluty Bitcoin

Na niezwykle szybki wzrost zainteresowania walutą Bitcoin, zarówno potencjalnych użytkowników, jak i środków przekazu miały niewątpliwie kryzysy finansowe, np. zamknięcie banków na Cyprze w 2013 roku lub panika finansowa w Grecji w roku 2014. Kurs waluty *Bitcoin* jest swobodny i zależy jedynie od relacji popytu i podaży, co przekłada się na duże i naprzemienne zmiany wartości waluty (rys. 3.2).

W pierwszej dekadzie XXI wieku nastąpił żywiołowy rozwój internetowych środków wymiany i płatności. Litecoin, e–Gold, Terracoin, NameCoin, Solidcoin, Devcoin, Ixcoin, Namecoin, Ppcoin, to tylko część listy wirtualnych środków płatniczych, powołanych w sieci przez różne firmy i jednostki. Ze względu na mikroobroty i małe rozpowszechnienie były one traktowane raczej jako niezbyt groźne zabawy w sieci. Choć wystąpiły zagrożenia, zostały one szybko usunięte. Np. w 2007 roku świat obiegła informacja, że jedna z wirtualnych walut o nazwie *Linden Dollars*, stworzona przez firmę Linden Lab., właściciela portalu wirtualnej rzeczywistości *Second Life*, była przedmiotem nielegalnego hazardu oraz prania brudnych pieniędzy. Firma Linden Lab. miała jednak wszelkie niezbędne środki aby skutecznie zareagować i zablokowała możliwość uprawiania hazardu w *Second Life*.

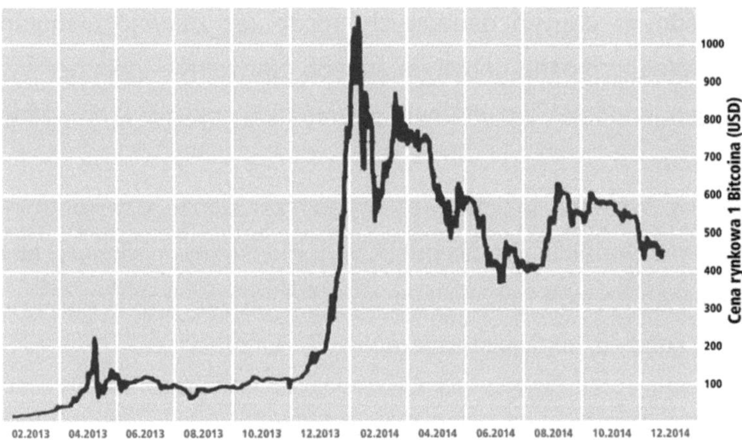

Rys. 3.2. Kurs waluty Bitcoin (blockchain.info)

Dopiero w 2011 roku, gdy nastąpiło powszechne zainteresowanie wirtualną, ale już *kryptowalutą* o nazwie *Bitcoin*, skutkujące dużym wolumenem transakcji i znaczną liczbą użytkowników, nastąpiła zmiana sytuacji. Zarówno przedstawiciele administracji finansowej USA jak i UE podjęli próbę analizy zjawiska i wydały odpowiednie dokumenty, zresztą o charakterze wstępnym.

Przed rokiem 2009 nie istniał bowiem pieniądz elektroniczny niepodlegający żadnemu organowi. Nawet sam internet, uznawany jako zdecentralizowany, ma adresy pod kontrolą. Wszelkie prawa dotyczące walut wirtualnych mogły być egzekwowane przez ich organ emisyjny, który mógł zamrażać konta użytkowników, doprowadzać do inflacji nadmierną emisją itd.

W przypadku kryptowaluty Bitcoin tak nie jest. Nie istnieje żaden centralny organ ani podmiot sprawujący kontrolę. Nawet grupa programistów pracujących nad oprogramowaniem Bitcoin nie ma wpływu na sposób funkcjonowania systemu. Jeżeli pojawiłyby się podejrzenia, że system ten mógłby być wykorzystany do maskowania i ukrywania zysków z handlu narkotykami lub prania brudnych pieniędzy, to nie byłoby obecnie wiadomo, względem kogo egzekwować prawo.

Pierwszą poważną oficjalną publikacją dotyczącą walut wirtualnych była obszerna analiza *Virtual currency schemes* [12] opublikowana w końcu roku 2012 przez Europejski Bank Centralny. Jakkolwiek bank ten uważał, że wirtualne waluty nie są w stanie konkurować z Euro, to jednak ich gwałtowny rozwój i niejasny status prawny sprowokowały analizę problemu. Autorzy tego raportu przyjęli, że waluty wirtualne mogą być powiązane z realną gospodarką na trzy sposoby:

1. Systemy zamknięte. Istnieją w oderwaniu od zewnętrznego świata, obejmując np. rzeczywistość komputerowej gry, gdzie np. wirtualne złoto można zdobywać wewnątrz gry, ale dokonywanie nim transakcji poza grą nie jest dozwolone.
2. Systemy z jednokierunkowym przepływem środków. Taką wirtualną walutę można nabywać za rzeczywiste pieniądze po ustalonym kursie, ale nie jest możliwa transakcja odwrotna.
3. Systemy z dwukierunkowym przepływem środków, gdzie wirtualna waluta może być wymieniana na inne waluty bez ograniczeń. Rolę wejścia i wyjścia pełnią giełdy, kantory i innego rodzaju pośrednicy. Ten rodzaj wirtualnej waluty reprezentuje właśnie Bitcoin, wokół którego rozwinęła się cała infrastruk-

tura: od elektronicznych kantorów począwszy, na fizycznych banknotach skończywszy.

Bitcoin pod pewnymi względami jest podobny do pieniądza elektronicznego, nie podlega jednakże, jak już wspomniano, regulacjom prawnym obejmującym instytucje płatnicze, instytucje pieniądza elektronicznego i instytucje kredytowe. EBC zauważa, że w warunkach skrajnych może pojawić się efekt wypierania „realnego" pieniądza przez wirtualną walutę. Jeśli np. zastąpi ona w codziennych transakcjach gotówkę i pieniądz bezgotówkowy, to bilans banku centralnego skurczy się, co z kolei wpłynie na jego zdolność prowadzenia polityki monetarnej. Utrudnione stanie się także mierzenie podaży pieniądza.

18 marca 2013 r. *US Department of the Treasury*, a ściślej *The Financial Crimes Enforcement Network* (FinCEN) wydał wytyczne FIN-2013-G001, interpretujące stosowanie przepisów wykonawczych do ustawy Bank Secrecy Act (BSA) do osób emitujących, przyjmujących lub dokonujących obrotów walutami wirtualnymi. Wytyczne przeciwstawiają walutę będącą prawnym środkiem płatniczym w USA lub jakimkolwiek innym kraju walucie wirtualnej, która działa jak substytut prawdziwej, ale nie ma jej wszystkich atrybutów, w szczególności statusu prawnego środka płatniczego. Z wytycznych tych wynika, że istniejące amerykańskie ustawy, takie jak BSA, nie dotyczą zwykłych użytkowników wirtualnych walut, w tym osób, które generują środki wirtualne. Mogą więc oni dokonywać zakupów lub sprzedaży towarów i usług za ich pomocą. Jednakże jeśli ktoś zajmuje się wymianą wirtualnych na pieniądze umocowane prawnie, lub świadczy usługi ich transferu, powinien mieć licencję i liczyć się z kontrolami FinCEN, które sprawdzać będą, czy wszystkie transakcje są udokumentowane i zgłoszone odpowiednim organom. Wytyczne nie mają więc większego wpływu na same wirtualne waluty, raczej na osoby i firmy, które na terenie USA zajmują się usługami związanymi z nimi.

Są natomiast pierwszym ważnym dokumentem, legalizującym użytkowanie walut wirtualnych.
System Bitcoin nie daje w gruncie rzeczy ścisłej anonimowości transakcji, gdyż pełna ich historia jest publicznie dostępna. Bardzo trudno dostępna, ale jednak. Bitcoin zapewnia natomiast pseudoanonimowość. O ile bowiem łatwo można zidentyfikować tych użytkowników, którzy korzystają z usług wymagających podawania chociażby numerów kont bankowych, to już tych, którzy działają bez podawania danych osobowych zidentyfikować bardzo trudno.
W kwietniu 2012 roku FBI wydało dokument, w którym przyznano, że połączenie sieci P2P i kryptografii sprawiło, że nowa waluta stanowi dla nich znacznie większe wyzwanie, niż dotychczasowe e-waluty. Raport wspomina o możliwościach pasywnego namierzania uczestników transakcji poprzez analizę łańcucha bloków transakcji, adresów IP i wymienianych przez użytkowników kluczy publicznych, ale też wylicza sposoby na utrudnienie identyfikacji. FBI ostrzega także przed cyberprzestępcami, którzy mogą okradać użytkowników Bitcoina.
Raport FBI opublikowano wtedy, gdy obroty tej waluty szacowano na 40 mln dolarów. Dziś te obroty szacuje się na setki miliardów dolarów. Jest więc prawdopodobne, że z nowej finansowej usługi internetowej korzysta już wielu kryminalistów, wykorzystujących kryptograficzną walutę do prania pieniędzy, handlu ludźmi, sponsorowania terroryzmu, internetowego hazardu czy nielegalnej pornografii. Warto jednak zauważyć, że przestępcy od tysięcy lat znają inny środek płatniczy, umożliwiający anonimowe przekazywanie sobie pieniędzy. To gotówka, za którą można zupełnie anonimowo kupić broń, narkotyki i niewolników. Nie wiadomo co dla zawodowych przestępców będzie lepsze do zaakceptowania. Czy kłopotliwy transfer, czy obawa przed choćby hipotetyczną możliwością kontrolowania ich kryptotransakcji przez administrację. Delegalizację systemu *Bitcoin* należałoby więc zacząć od delegalizacji obrotu gotówkowego.

3.3. Interpretacja podatkowa obrotu bitcoinem w Polsce

Sytuacja prawna *Bitcoina* jest bardzo zmienna, podobnie jak kurs. Niektóre kraje starają się tę walutę tolerować, a inne nie.

W Polsce najnowszą wykładnię prawną podał Wojewódzki Sąd Administracyjny w Gdańsku w wyroku z 16 grudnia 2015 r. (I SA/Gd 1551/15) uznając, że zyski uzyskane z odpłatnego zbycia bitcoinów zarówno „wykopanych", jak i nabytych od osoby trzeciej to przychód z praw majątkowych. Uzasadnienie i komentarz tego wyroku zamieścił dziennik **Rzeczpospolita** w dodatku tylko dla prenumeratorów – Podatki, w dn. 18 stycznia 2016 roku.

Spór w sprawie dotyczył sposobu opodatkowania zysków ze sprzedaży bitcoinów. We wniosku o interpretację podatnik napisał, że podjął badania naukowe nad kryptowalutą bitcoin. Przy okazji „wykopywał" je w celach naukowo-badawczych by poznać konstrukcję matematyczną tej kryptowaluty, a nie dla osiągnięcia zysku. Podatnik wyjaśnił, że jednostki bitcoin mogą zostać nabyte na dwa sposoby:

– poprzez „wykopywanie", czyli wyszukiwanie rozwiązań równania matematycznego przy użyciu sprzętu komputerowego o wysokiej mocy, oraz

– przez nabycie od innego podmiotu.

Z wniosku wynikało, że bitcoin używany jest jako środek płatniczy w coraz szerszym zakresie, przede wszystkim przy zakupie usług elektronicznych. Wnioskodawca zapytał, do którego źródła przychodów powinien zaliczyć środki pieniężne uzyskane ze zbycia jednostek bitcoin i jak ustalić koszty.

Po przeanalizowaniu sprawy fiskus stwierdził, że z wniosku nie wynika, aby wnioskodawca zbywał bitcoiny w ramach działalności gospodarczej. Przychodu z ich sprzedaży nie można też, zdaniem urzędników, zaliczyć do źródła przychodów z działalności wykonywanej osobiście (działalności naukowej). Przedmiotem działalności naukowowo-badawczej wnioskodawcy było bowiem poznanie konstrukcji matematycznej tej kryptowaluty, a nie jej zbycie. W ocenie fiskusa bitcoiny należy uznać za prawa majątkowe. Wobec czego zysk uzyskany z tytułu odpłatnego zbycia zarówno tych „wykopanych" jak i nabytych od osoby trzeciej zakwalifikował do przychodów z praw majątkowych (art. 10 ust. i pkt 7 w zw. z art. 18 ustawy o PIT). Urzędnicy odpowiedzieli także, że do kosztów uzyskania przychodów z odpłatnego zbycia bitcoinów należy zaliczyć wszelkie koszty (faktycznie poniesione i prawidłowo udokumentowane) poniesione w celu ich nabycia. Za wydatki poniesione w celu uzyskania przychodu z praw majątkowych nie można jednak uznać wydatków na zakup komputera lub innego sprzętu.

Wojewódzki Sąd Administracyjny w Gdańsku potwierdził stanowisko fiskusa. Nie zgodził się, że do przychodów ze zbycia bitcoinów nie stosuje się przepisów ustawy o PIT, na podstawie art. 2 ust. i pkt 4. Co prawda zgodnie z tą normą przepisów ustawy nie stosuje się do przychodów wynikających z czynności, które nie mogą być przedmiotem prawnie skutecznej umowy, jednak WSA nie miał wątpliwości, że bitcoiny mogą być przedmiotem prawnie skutecznej umowy. Sąd zaakceptował więc uznanie do celów podatkowych zysku ze sprzedaży wirtualnej waluty bitcoin do przychodów z praw majątkowych. Zauważył, że ich katalog ma charakter otwarty.

WSA nie znalazł też podstaw do zakwestionowania stanowiska fiskusa co do sposobu obliczania dochodu uzyskiwanego w związku obrotem bitcoinami. Przypomniał, że kosztem uzyskania przychodu są wydatki poniesione w celu osiągnięcia przychodów, zachowania lub zabezpieczenia źródła przychodów, z wyjątkiem kosztów wymienionych w art. 23 ustawy o PIT. Co do zasady kosztem będą więc wszelkie rzeczywiście poniesione wydatki, które zostały udokumentowane oraz są racjonalnie i gospodarczo uzasadnione i gdy poniesiono je w celu osiągnięcia lub zachowania albo zabezpieczenia źródła przychodów. Zdaniem sądu za koszt nie można uznać wydatków na zakup sprzętu, gdyż wydatki takie nie spełniają kryterium celowości.

Przy tym samym artykule wyrok WSA skomentowała Paulina Bąk, konsultant w dziale doradztwa podatkowego BDO:

„Wyrok w sprawie C?264/14 jest niezwykle ważny dla tych podmiotów, które posługują się wirtualną walutą. Zwolnienie z VAT było bowiem warunkiem tego, żeby bitcoin mógł spełniać funkcję, dla której został stworzony, czyli płatniczą. Chociaż biorąc pod uwagę sposób emisji, bitcoin nie może być pod względem prawnym klasyfikowany jako środek płatniczy, to jednak w praktyce pełni właśnie taką funkcję. Odmiennego traktowania opodatkowania VAT bitcoinów nie uzasadniają argumenty dotyczące braku stabilności ich wartości oraz ich podatności na oszustwa. Podobne rodzaje ryzyka mogą też wystąpić w odniesieniu do walut tradycyjnych. Trybunał stwierdził, że takie argumenty powinny być rozważane wyłącznie w ramach państwowego nadzoru nad rynkami finansowymi, a przepisy w zakresie VAT są niezależne od prawa nadzoru. Nawet gdy jakieś zachowanie zostanie zakazane na podstawie prawa nadzoru, nie ma to wpływu na jego ocenę w zakresie VAT.

Dlatego kwestia, czy bitcoiny są „dobrą" czy „złą" walutą, nie ma tu znaczenia. Wyrok ten nie jest jednak zaskoczeniem, ponieważ jest zgodny z konkluzjami opinii rzecznika generalnego Juliane Kokott z 16 lipca 2015 r. Miejmy nadzieję, że wyrok zostanie zaakceptowany i uwzględniony także przez

polskie organy podatkowe. Obecnie w indywidualnych interpretacjach podatkowych dominuje pogląd, że obrót bitcoinami to usługa elektroniczna, która podlega opodatkowaniu VAT i jednocześnie nie może korzystać ze zwolnienia z tego podatku (m.in. interpretacje Izby Skarbowej w Poznaniu z 8 stycznia 2014 r., ILPP1/443-912/13-2/AW, i Izby Skarbowej w Łodzi z 7 kwietnia 2014 r., IPTPP2/443-52/14-6/IR).
Na szczęście zdarzają się także zdania odmienne. Przykładowo w interpretacji z 24 czerwca 2014 r. (IPPP2/ 443-334/14-2/BH) Izba Skarbowa w Warszawie wskazała, że umarzanie zobowiązań za pomocą alternatywnego środka płatniczego, jakim jest bitcoin, w ogóle nie podlega opodatkowaniu VAT".

Orzeczenie sądu wpisuje się w europejski trend traktowania bitcoinów jako środka płatniczego. Trybunał Sprawiedliwości UE w wyroku z 22 października 2015 r. w sprawie Skatteverket/David Hedqvist (C-264/14) uznał, że chociaż ze względu na sposób emisji bitcoin nie może być pod względem prawnym klasyfikowany jako środek płatniczy, to jednak w praktyce pełni właśnie taką funkcję i tak powinien być traktowany.
Warto podkreślić, że bitcoin używany jest jako środek płatniczy w coraz szerszym zakresie, przede wszystkim przy zakupie usług elektronicznych za pośrednictwem internetu. Zgodnie z danymi zebranymi przez bank Kanady w 2014 r. około 76 000 firm na świecie akceptowało płatności w bitcoinach. Dodatkowa przewaga zachęcająca do używania bitcoinów jako środka płatniczego w transakcjach międzynarodowych to natychmiastowa realizacja płatności przy braku lub bardzo niskich opłatach transakcyjnych w porównaniu z międzynarodowymi płatnościami walutami tradycyjnymi. W 2013 r. Szwajcaria uznała bitcoin za walutę obcą i od tamtej pory obrót bitcoinami podlega w Szwajcarii takim samym regulacjom prawnym jak obrót innymi walutami obcymi (np. dolarami, jenami czy złotym). W 2013 r. także minister finansów Niemiec uznał bitcoin za prawny środek płatniczy.

3.4. Zasada działania kryptowaluty Bitcoin

System *Bitcoin* realizuje transfery kwot między publicznymi rachunkami używając **kryptografii klucza publicznego**. Wszystkie transakcje są publiczne i dokumentowane w rozproszonej bazie danych. W celu zapobieżenia podwójnym przelewom tej samej kwoty sieć implementuje rodzaj rozproszonego serwera czasowego, używając łańcuchowych dowodów matematycznych wykonanych działań (tzw. *dowodów wykonanej pracy*, ang. *Proof of Work*, w skrócie *PoW*). Dlatego też cała historia transakcji musi być przechowywana w bazie. W celu ograniczenia rozmiaru bazy używane jest drzewo funkcji skrótu (*hash*).

Jak już wiemy z rozdz. 1, funkcja skrótu przyporządkowuje dowolnie dużej liczbie (plik, wiadomość) krótką wartość (skrót wiadomości, sygnatura, *hash*), zwykle posiadającą stałą długość. W systemie Bitcoin wykorzystywana jest głównie funkcja skrótu SHA-256 (tworzy skróty o długości 256 bitów). Porównanie skrótów dwóch plików umożliwia stwierdzenie, czy w pliku zostały dokonane jakiekolwiek zmiany.

Procedura *Proof of Work* (*hashcash*), czyli tzw. *dowód wykonanej pracy* lub *funkcja kosztów*, została wymyślona pierwotnie w celu ograniczania spamu. Jej główną cechą jest asymetria – praca obliczeniowa musi być żmudna, ale jednocześnie łatwa do sprawdzenia.

W systemie Bitcoin procedura ta została wprowadzona do sprawdzania wiarygodności dokonanych transakcji będąc jednocześnie pierwotnym mechanizmem emisyjnym jednostek płatniczych, czyli bitcoinów. Mechanizm ten często jest porównywany do wydobywania (*mining*) złota.

Każda osoba przystępująca do sieci Bitcoin instaluje na swoim komputerze program kliencki, który generuje portfel (*Bitcoin Wallet*) zawierający dowolną liczbę par kluczy kryptograficznych. Klucze publiczne, zwane też *adresami bitcoin*, działają jako miejsce źródłowe oraz miejsce docelowe dla wszystkich płatności. Odpowiadające im prywatne klucze autoryzują płatności tylko dla posiadającego je użytkownika.

Adresy nie zawierają żadnej informacji na temat ich właściciela i są zazwyczaj anonimowe. Adresy te, odpowiadające numerom kont w klasycznej bankowości to ciągi alfanumeryczne o długości około 34 znaków, z wykluczeniem cyfry *0*, wielkiej litery *O*, wielkiej litery *I* i małej litery *i*. Użytkownik może posiadać wiele adresów, nawet do każdej transakcji inny. Może generować nowe adresy bez żadnych ograniczeń.

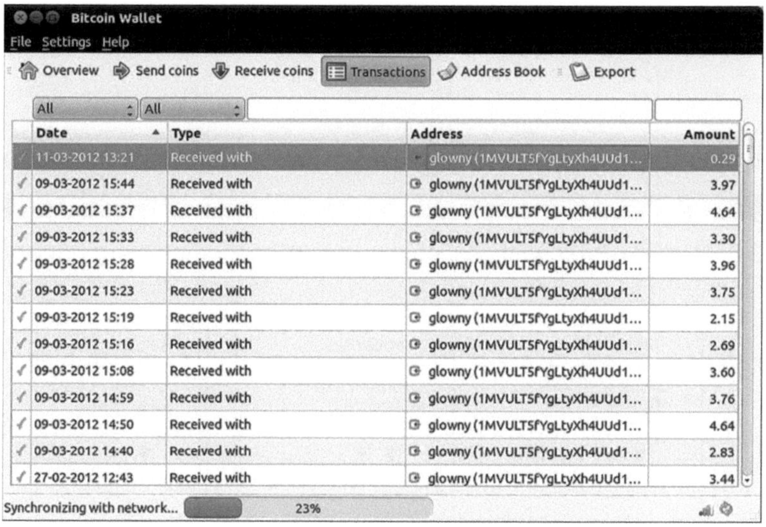

Bitcoin Wallet

File Settings Help

Overview | Send coins | Receive coins | Transactions | Address Book | Export

Date	Type	Address	Amount
11-03-2012 13:21	Received with	glowny (1MVULT5fYgLtyXh4UUd1...	0.29
09-03-2012 15:44	Received with	glowny (1MVULT5fYgLtyXh4UUd1...	3.97
09-03-2012 15:37	Received with	glowny (1MVULT5fYgLtyXh4UUd1...	4.64
09-03-2012 15:33	Received with	glowny (1MVULT5fYgLtyXh4UUd1...	3.30
09-03-2012 15:28	Received with	glowny (1MVULT5fYgLtyXh4UUd1...	3.96
09-03-2012 15:23	Received with	glowny (1MVULT5fYgLtyXh4UUd1...	3.75
09-03-2012 15:19	Received with	glowny (1MVULT5fYgLtyXh4UUd1...	2.15
09-03-2012 15:16	Received with	glowny (1MVULT5fYgLtyXh4UUd1...	2.69
09-03-2012 15:08	Received with	glowny (1MVULT5fYgLtyXh4UUd1...	3.60
09-03-2012 14:59	Received with	glowny (1MVULT5fYgLtyXh4UUd1...	3.76
09-03-2012 14:50	Received with	glowny (1MVULT5fYgLtyXh4UUd1...	4.64
09-03-2012 14:40	Received with	glowny (1MVULT5fYgLtyXh4UUd1...	2.83
27-02-2012 12:43	Received with	glowny (1MVULT5fYgLtyXh4UUd1...	3.44

Synchronizing with network... 23%

Rys. 3.3. Portfel użytkownika *Bitcoin*

Generowanie nowego adresu jest szybkie – w istocie sprowadza się do wyznaczenia przez program kliencki nowej pary kluczy, publicznego i prywatnego, co nie wymaga kontaktu z resztą sieci. Jest także wykorzystywany do jednoznacznej identyfikacji zapłaty za towar poprzez tworzenie unikalnego adresu *Bitcoin* dla każdej transakcji, ponieważ obecnie sieć nie dopuszcza tytułu przelewu znanego z tradycyjnych form przekazu. Tworzenie jednorazowych adresów wykorzystywanych do pojedynczego celu zwiększa stopień anonimowości użytkownika.

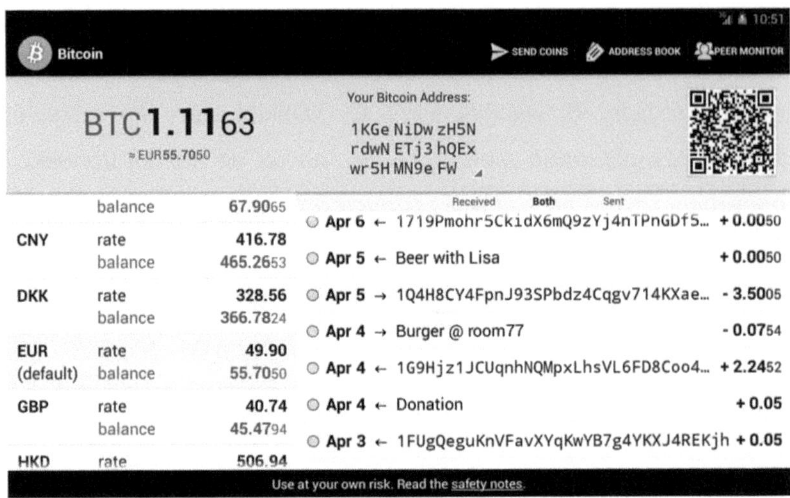

Rys. 3.3. Portfel użytkownika Bitcoin na urządzeniu mobilnym (smartfonie)

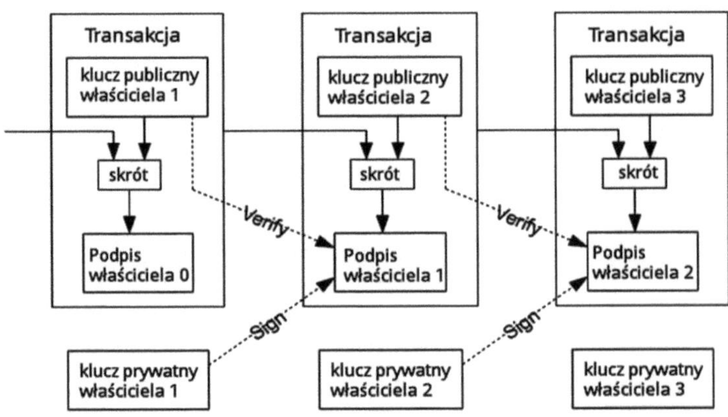

Rys. 3.4. Schemat transakcji w systemie Bitcoin [4]

Transfery są wykonywane bezpośrednio, bez używania operatorów finansowych prowadzonych przez osoby trzecie, i nie mogą być refundowane.

Transakcje przebiegają podobnie jak w technologii podpisu elektronicznego. Każda moneta Bitcoin jest podpisana cyfrowo kluczem publicznym ECDSA (*Elliptic Curve Digital Signature Algorithm*) jej właściciela. Kiedy przetransferuje on jakąś liczbę bitmonet do drugiego użytkownika systemu, rezygnuje tym samym z ich posiadania dodając klucz publiczny tego użytkownika podpisując je własnym kluczem prywatnym. Następnie ogłasza wykonaną przez siebie transakcję w komunikacie wysłanym do sieci P2P (*peer-to-peer).* Gdy nowy właściciel zechce zapłacić swoją monetą komuś innemu, ponownie podpisuje ją swoim kluczem prywatnym, wykorzystując klucz publiczny nowego właściciela. System tworzy w sieci rejestr wszystkich transakcji od początku istnienia sieci, w postaci tzw. łańcucha bloków (*blockchain*), który jest upubliczniany przez zapisanie go do powszechnie dostępnego rejestru.

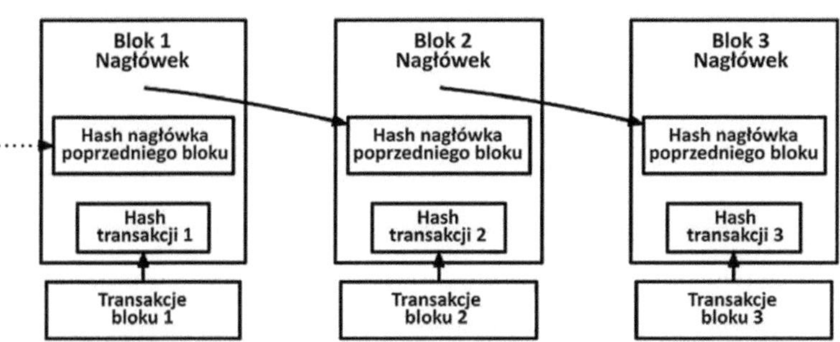

Rys. 3.5. Łańcuch bloków (*blockchain*) w systemie Bitcoin

Każdy blok składa się z nagłówka, odróżniającego go od innych bloków, oraz listy transakcji. Łańcuch bloków powstaje przez ich łączenie: blok *n* wskazuje na blok *n-1* poprzez załączenie funkcji skrótu (*hash*) zawartości bloku *n-1*. Jako że ten blok zawiera w sobie funkcję skrótu bloku *n-2*, to skrót ostatniego bloku w łańcuchu jest zależny od skrótu każdego poprzedniego bloku łańcucha. Można więc zapisać *hash* dla bloku np. 10 wzorem

hash(blok9 + hash(blok8 + hash(blok7 + hash ...)))

Jeśli wskazany skrót bloku w łańcuchu zostanie uznany przez dwa węzły, to jednocześnie zostaną uznane wszystkie inne bloki. Dzięki tej własności niemożliwe jest sfałszowanie pojedynczego bloku – unieważniłoby to wszystkie poprzednie. Do odnajdywania odbiorcy waluty sieć Bitcoin wykorzystuje funkcję skrótu RIPEMD-160 na publicznej części klucza ECDSA, która służy jako unikatowy identyfikator miejsca, do którego wysyłane są bitcoiny.

3.5. Sprawdzanie bloków, emisja

Sieć sprawdza poprawność zastosowanych w transakcji podpisów cyfrowych oraz ilości monet przed jej zaakceptowaniem. Dlatego transakcja rozesłana do innych węzłów nie staje się „ważna", dopóki nie zostanie zamieszczona w łańcuchu bloków, oznakowana znacznikiem czasu i potwierdzona. W tym celu każdy generujący węzeł (emitent) zbiera wszystkie niepotwierdzone transakcje. Następnie próbuje obliczyć *hash* tego bloku z określonymi cechami, co wymaga z góry przewidywalnej liczby prób i błędów. Kiedy znajdzie rozwiązanie, ogłasza je reszcie sieci. Węzły otrzymujące nowo rozwiązany blok, sprawdzają jego poprawność przed zaakceptowaniem i dodaniem do łańcucha. Ostatecznie łańcuch bloków zawiera kryptograficzną historię zmian posiadania wszystkich monet, poczynając od adresu ich emitenta, aż po adres aktualnego posiadacza. Dlatego właśnie jeżeli użytkownik spróbuje ponownie wykorzystać wydane wcześniej monety, sieć odrzuci próbę wykonania takiej transakcji.

Emisja pieniądza w systemie Bitcoin. Problem emisji pieniędzy w startującym systemie cyfrowej waluty musi być starannie przemyślany. Nie ma tu banku emisyjnego, który może kontrolować podaż pieniądza. Z drugiej strony pieniądze muszą się w systemie znaleźć, by mogły zapewnić funkcję wymiany. Algorytm emisji musi stopniowo wprowadzać walutę, nie można jej po prostu rozdać, gdyż w chwili startu nie ma jeszcze komu.

Jak już wspomniano, twórca (twórcy?) kryptowaluty *Bitcoin* zaproponował wykorzystanie tzw. funkcji *hashcash* [36] (ang. *the hashcash CPU cost-function*), która może być użyta jako wspomniany *dowód wykonanej pracy* (ang. *Proof of Work*). Pracą jest udział niektórych użytkowników systemu w specjalnie utrudnianej procedurze weryfikacji transakcji, wymagającej dużych mocy obliczeniowych w wyspecjalizowanych stacjach roboczych skonfigurowanych z najbardziej wydajnych procesorów (CPU, graficznych CPU, FPGA itd). W literaturze przedmiotu stosuje się zabawne nazewnictwo, sugerujące podobieństwo generacji monet *Bitcoin* do wydobywania złota. Proces ten nazywany jest *kopaniem* (ang. *mining*), a systemowy program *opensource* do tego służący, to *Miner*. Stacje robocze do *kopania* to *koparki*.
Procedura *dowodu wykonanej pracy* polega na wyliczaniu SHA-256 – funkcji skrótu dla nowego bloku przez *koparki* nasłuchujące w sieci wszystkie nowe transakcje (kupna, sprzedaży, darowizny), które wydarzyły się od utworzenia poprzedniego bloku. Na tym bloku *koparki* uruchamiają algorytm haszujący bazując na poprzednim skrócie, oraz losowo wybranej wartości zmiennej tymczasowej (*nonce*) po to, aby można było utworzyć różne skróty (*hashe*) z tych samych danych. Gdy znaleziony zostaje najmniejszy możliwy *hash*, oprogramowanie rozgłasza, że „wygrało wyścig do następnego ważnego bloku". Wówczas zostaje nagrodzone przez sieć 25 (kiedyś, obecnie mniej) nowymi jednostkami bitcoina.
Problem emisji pieniędzy w startującym systemie cyfrowej waluty musi być starannie przemyślany. Nie ma tu banku emisyjnego, który może kontrolować podaż pieniądza. Z drugiej strony pieniądze muszą się w systemie znaleźć, by móc zapewnić funkcję wymiany. Algorytm emisji musi stopniowo wprowadzać walutę, nie można jej po prostu rozdać, gdyż w chwili startu nie ma jeszcze komu.
Emisja jednostek płatniczych, czyli bitcoinów następuje automatycznie. Emitentem jest specjalna procedura systemu informatycznego Bitcoin. Emisja

jest skończona, jednorazowa i wynosi 21 mln jednostek które zostaną wyemitowane stopniowo w latach 2009-2136. Emisja, a właściwie asymptotyczny proces uwalniania jednostek połączone jest z wykonywaniem procedury *Proof of Work*.

Emisja zachodzi przez wynagradzanie użytkowników akceptujących bloki, któremu za zaakceptowany blok sieć dokonuje przelewu. Akceptacja bloku jest trudnym zadaniem, gdyż automatycznie utrudnia je przez dodanie wymagań specjalnych, jakie musi spełnić obliczany skrót (np. żeby było 10 zer na początku).

Powtórzmy: twórca (twórcy?) kryptowaluty *Bitcoin* zaproponował wykorzystanie tzw. funkcji *kosztu hashcash* [36] (ang. *the hashcash CPU cost-function*) jako wspomniany *dowód wykonanej pracy* (ang. *Proof of Work*). Pracą jest udział niektórych użytkowników systemu w specjalnie utrudnianej procedurze weryfikacji transakcji, wymagającej dużych mocy obliczeniowych.

Obecnie przeliczenie i akceptacja bloku wymaga ponad 320 tysięcy lat pracy lepszego domowego komputera. Dlatego do sprawdzania bloków produkowane są bardzo szybkie unikalne maszyny ze specjalizowanymi czipami ASIC, zoptymalizowane i przeznaczone wyłącznie do obliczeń „bitcoinowych".

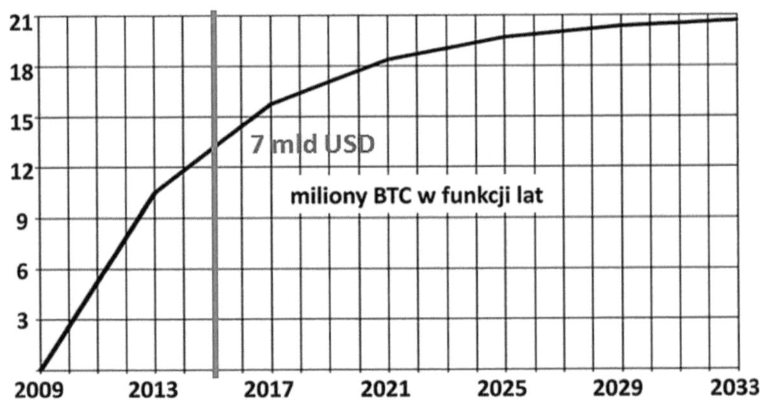

Rys. 3.6. Emisja jednostek w systemie Bitcoin

Procedura *dowodu wykonanej pracy* polega na wyliczaniu funkcji skrótu SHA-256 dla nowego bloku, tworzonego przez *koparki* nasłuchujące wszystkich nowych transakcji (kupna, sprzedaży, darowizny), które wydarzyły się od utworzenia poprzedniego bloku. Na tym bloku *koparki* uruchamiają algorytm haszujący bazując na poprzednim skrócie, oraz losowo wybranej wartości zmiennej tymczasowej (*nonce*) po to, aby można było utworzyć różne skróty (*hashe*) z tych samych danych. Gdy znaleziony zostaje najmniejszy możliwy *hash*, oprogramowanie rozgłasza, że „wygrało wyścig do następnego ważnego bloku".

Sieć Bitcoin jest siecią o cechach homeostatycznych. Utrzymuje bowiem z góry założone parametry. Jeżeli wydajność sieci w akceptacji bloków zwiększy się, to sieć tak dostosuje trudność obliczania, by blok wydobywany był nie częściej niż co 10 minut. Obecnie nagroda za akceptację bloku wynosi 25 BTC i spada o połowę co 210 tysięcy bloków czyli średnio co 4 lata.

A co się stanie po zakończeniu emisji? Mechanizm będzie inny. Już obecnie wysyłający transfery pieniężne w sieci Bitcoin mogą wnosić niewielką opłatę transakcyjną. Nie jest to obowiązkowe, ale przyśpiesza autoryzację transakcji, gdyż zachęca do uruchamiania oprogramowania generującego, zwłaszcza, że stopień trudności weryfikacji bloku rośnie, a nagroda spada. W systemie Bitcoin założono, że po zakończeniu emisji wynagrodzenie za weryfikację będzie finansowane wyłącznie z opłat transakcyjnych. Obecnie minimalna opłata transakcyjna za transakcje niskiego priorytetu wynosi 0,0005 BTC.

Obliczenie skrótu dla określonych danych jest stosunkowo proste, ale algorytm wymaga, jak już wspomniano, aby skrót spełniał określone warunek, np. aby na początku miał określoną liczbę zer. Nie da się przewidzieć z góry, jaka wartość zmiennej *nonce* da odpowiedni wynik. Funkcje skrótu muszą być obliczane tak długo, aż otrzymany wynik będzie dobry. Każdy w sieci może sprawdzić, czy twórca bloku faktycznie go utworzył, czy umieścił w bloku

jedynie ważne transakcje i czy podjął dla siebie wynagrodzenie za jego utworzenie. Informacje te dostępne są na stronie *blockexplorer.com.*
Warto zwrócić uwagę na to, że liczenie funkcji skrótu SHA-256 potrzebne jest przede wszystkim do autoryzacji transakcji wykonywanych w sieci przez innych użytkowników, a więc potwierdzania transakcji, które miały miejsce. W opisanym rozwiązaniu połączono procedurę autoryzacji i emisji, ponieważ w istocie emisja waluty wynagradza pracę autoryzujących.
Prawdopodobieństwo tego, iż dany *kopacz (górnik)* otrzyma wynagrodzenie zależy od stosunku ilości mocy obliczeniowej wniesionej do sieci za jego pośrednictwem, do sumy mocy obliczeniowej wniesionej przez wszystkie węzły. *Kopacze* mogą także generować bitmonety grupowo, odpowiednio dzieląc urobek. Węzły w sieci oceniają co dwa tygodnie ile bloków zostało stworzonych i niezależnie od siebie modyfikują trudność takiej operacji *kopania* tak, by średnio dla całej sieci jeden blok powstawał co 10 minut. W ten sposób ograniczana jest podaż pieniądza BTC bez udziału centralnego serwera. Zgodnie z zaszytą w oprogramowaniu procedurą, liczba możliwych do „wykopania" *bitmonet* zmniejszy z się z upływem czasu do zera tak, by łącznie nie było ich więcej niż 21 milionów. Nastąpi to w 2136 roku.

3.6. Czy Bitcoin jest walutą?

Już obecnie wysyłający transfery pieniężne w sieci *Bitcoin* mogą wnosić niewielką opłatę transakcyjną. Nie jest to obowiązkowe, ale przyśpiesza autoryzację transakcji, gdyż zachęca kopaczy do uruchamiania oprogramowania generującego, zwłaszcza, że stopień trudności *kopania* na ogół rośnie, a urobek z czasem spada. Węzły zbierają opłaty transakcyjne związane ze wszystkimi transakcjami zawartymi w ich bloku. Minimalna opłata transakcyjna za transakcje niskiego priorytetu, jak już wspomniano, wynosi obecnie 0,0005 BTC, i że po zakończeniu emisji węzły weryfikacyjne będą utrzymywać się wyłącznie ze zbierania opłat transakcyjnych.

W przeciwieństwie do innych elektronicznych walut, takich jak *WebMoney* czy *e-gold* Bitcoin jest walutą samą w sobie; w żaden sposób nie ma gwarantowanej ceny ani zapewnionej wartości przez jakiegokolwiek emitenta. Dziś może być wart 120 złotych, jutro 12 groszy lub 1200 PLN. Uważa się, że giełdy walutowe oraz serwisy o przeznaczeniu hazardowym, będące często nielegalne przy rozliczeniach w dolarach, w przypadku korzystania z bitcoinów nie podlegają jakimkolwiek regulacjom. To przekonanie wynika stąd, że bitmonety, z prawnego punktu widzenia są niczym innym jak odpowiednikiem pieniędzy stosowanych w grach komputerowych, a ich wartość jest umowna.
Wiele osób uważa, ze Bitcoin znalazł zastosowanie jako waluta zupełnie przypadkowo i gdyby nie ogólnoświatowy kryzys, jego wykorzystanie mogłoby być zupełnie inne, ponieważ sam protokół daje nieograniczone możliwości i funkcjonalności. Nie wiadomo, jaki był prawdziwy zamysł Satoshi Nakamoto, który uważany jest za twórcę systemu. Bitcoin równie dobrze może być wykorzystywany jako zintegrowany system głosowania w wyborach prezydenckich lub parlamentarnych. W gruncie rzeczy Bitcoin jest narzędziem do utrzymywania **zsynchronizowanej i zdecentralizowanej, publicznej bazy danych o globalnym zasięgu**.
Tony Gallippi (Co-founder and CEO w BitPay, Inc.) powiedział: *"...obecnie większość osób uważa Bitcoin za walutę. Jednak Bitcoin może równie dobrze pełnić inne funkcje. Czy Bitcoin można traktować jako rejestr księgowy? Zdecydowanie tak. Czy Bitcoin to system barterowy? Być może. Czy Bitcoin jest swoistą bazą danych praw własności? Owszem, jest. Bitcoin może być wykorzystany na wiele sposobów."*
Niektóre ze wspomnianych zastosowań stają się obecnie rzeczywistością. Istnieją np. pomysły na wykorzystanie łańcucha bloków do przechowywania wiadomości. Tony Gallippi uważa, że gdy Bitcoin zostanie ustanowiony formalną walutą, inne zastosowania systemu zostaną najprawdopodobniej porzucone. A może jednak nie?

3.7. Problem z Androidem

Silne wzrosty kursu kryptowaluty Bitcoin spowodowały oczywiście próby nielegalnego jej zdobycia, czyli po prostu kradzieży w sieci. W literaturze odnotowano wiele takich przypadków. Najciekawszym jest ten, związany z Androidem. Złodzieje bowiem wykryli lukę w tym systemie operacyjnym [13].

Twórca Androida, firma Google Inc. przyznała, że taka luka była. Problem był poważny, bo z jednej strony zmniejszyło się zaufania do cybernetycznego pieniądza *Bitcoin*, a z drugiej, co gorsze, powstały podejrzenia, że z wieloma innymi aplikacjami na Androida mogą pojawić się problemy.

Podobnie jak w większości systemów operacyjnych i kryptograficznych, w systemie Android niezbędne jest generowanie liczb losowych. Procedura wykorzystywana przez firmę Google Inc. opierała się na oprogramowaniu *Java Cryptography Architecture* (JCA), jeszcze w wersji API 1. Część JCA jest znana jako *SecureRandom*, która to nazwa sugeruje wyraźnie zakres jej zastosowania. Wywołanie przez aplikację systemowej procedury *SecureRandom* jest równoważne z żądaniem, by system operacyjny wygenerował liczbę losową. Jak wiadomo, wykorzystywanie takiej liczby jest bezpieczne tylko wtedy, gdy proces jej generacji jest niedeterministyczny, przynajmniej w przybliżeniu. Jeżeli natomiast taką liczbę można byłoby przewidzieć, byłaby ona nieprzydatna. Procedura *SecureRandom* ma uruchomić w Androidzie kolejną procedurę *OpenSSL PRNG* (ang. P*seudoRandom Number Generator*) czyli chroniony plik systemowy *dev/urandom*.

Operacja ta jednak nie działała zwykle poprawnie. W większości wersji systemu Android plik *urandom* był niedostępny, wskutek czego nie następowało poprawne generowania liczb losowych. Liczby te stały się więc powtarzalne i przewidywalne.

Żeby zdać sobie sprawę z tego, w jaki sposób ta przewidywalność czy powtarzalność może prowadzić do kradzieży wirtualnej waluty wystarczy przypomnieć, że kody szyfrujące tym łatwiej jest złamać, im więcej jest przykładów kodowania. Wszystkie transakcje są publiczne i przechowywane w rozproszonej bazie danych, a więc dostepne. Klucze publiczne w transakcjach Bitcoin są łatwe do skanowania, co ma istotne znaczenie. Hakerzy poszukiwali więc powtórzeń w kluczach publicznych i wykorzystywali je do odgadnięcia kluczy prywatnych, które powinny być znane wyłącznie właścicielowi portfela *Bitcoin*. Dokonanie przelewu na własne konto było już proste.

Nie wiadomo, czy i ile pieniędzy zostało skradzionych. Jakkolwiek ten błąd znany jest już od dość dawna, nie było dotąd doniesień o powtórzeniach w generacji liczb pseudolosowych w procedurze *SecureRandom*. Jest więc prawdopodobne, że niektóre z wcześniejszych niewyjaśnionych kradzieży pieniądza *Bitcoin* są wynikiem tego problemu.

Aplikacja przelewów waluty *Bitcoin* została zaatakowana jako pierwsza przede wszystkim dlatego, że w wyniku takiego ataku można uzyskać natychmiastowy zysk. Wykorzystanie procedury *SecureRandom* jest jednak powszechne, co oznacza, że znacznie więcej aplikacji Androida może być niebezpiecznych, np. wskutek możliwości kopiowania danych osobowych. Problemy procedury *SecureRandom* mogą być również wykorzystywane do generowania identyfikatorów lub kluczy zabezpieczających komunikację danych.

Uważa się, że nowsze wersje Androida nie są już wrażliwe, ponieważ Google Inc. zmieniło sposób generacji liczb pseudolosowych. Jednak zmiana ta obejmuje tylko pewną liczbę użytkowników Androida i chociaż poprawkę wykonano szybko, mogła ona nieprędko dotrzeć do większości użytkowników.

Pojawiają się jednak stale nowe problemy. Ostatnio, w styczniu 2016 roku wykryto kolejną poważną lukę w systemie operacyjnym Android, w jego jądrze Linuxa. Złośliwa aplikacja, po zainstalowaniu jej na telefonie, może uzyskać dostęp do urządzenia czy przechowywanych na nim danych. Jednocześnie podano, że jak dotąd, taka złośliwa aplikacja nie powstała.

3.8. Problem z procedurą weryfikacji i emisji Bitcoina

Pojawiły się także [13, 15] doniesienia o znacznej wrażliwości procedury *kopania* monet na działania przestępcze, które utrudniają pierwotne pozyskiwanie jednostek waluty wszystkim uczciwym tzw. *górnikom*. Są nawet informacje o możliwości przejęcia nawet całej emisji kryptowaluty.

Kopanie monet Bitcoin polega, jak już wspomniano, na pracy użytkowników systemu w specjalnie utrudnianej procedurze weryfikacji transakcji, wymagającej dużych mocy obliczeniowych, w wyspecjalizowanych stacjach roboczych skonfigurowanych z najbardziej wydajnych procesorów (CPU, graficznych CPU, FPGA itd). W tym celu każdy *górnik* zbiera wszystkie niepotwierdzone jeszcze transakcje w blok, a następnie próbuje obliczyć *hash* takiego bloku, spełniając pewne z góry określone warunki. Wymaga to przewidywalnej liczby prób i błędów. Kiedy znajdzie rozwiązanie, ogłasza je reszcie sieci. Sieć sprawdza poprawność weryfikacji zastosowanych w transakcji podpisów cyfrowych oraz ilości monet, sprawdza także nowo rozwiązany blok i dodaje do łańcucha. Ostatecznie łańcuch bloków zawiera kryptograficzną historię zmian posiadania wszystkich monet, poczynając od adresu ich emitenta, aż po adres aktualnego posiadacza.

Działanie przestępcze polega na zachowaniu rozwiązanego bloku i nieujawnianiu go, przez co nie zostanie on dołączony do łańcucha bloków. Gdy rozwiązany blok zostałby upubliczniony i dołączony do końca łańcucha, każdy *górnik* mógłby to zauważyć i rozpocząć obliczanie następnego. Gdy jednak rozwiązany blok nie zostanie umieszczony na końcu łańcucha, lecz ukryty, inni *górnicy* nie są już w stanie odnaleźć zakończenia łańcucha, którego już po prostu nie ma.

Obecnie uważa się, że takie postępowanie jest niemożliwe, a procedura emisji systemu Bitcoin jest bezpieczna. Nie jest to prawda – możliwość zablokowania systemu istnieje, jeśli nie teraz, to w przyszłości. Stosowane obecnie łączenie mocy obliczeniowej przez wielu *górników* do pozyskiwania Bitcoinów zwiększa prawdopodobieństwo omawianego opanowania łańcucha bloków. Gdyby powstała przestępcza wspólnota, która dysponowałaby więcej niż połową całkowitej obliczeniowej mocy *górniczej*, groźba sparaliżowania oprogramowania *Bitcoin* stałaby się realna.

Rys. 3.7. 8-rdzeniowy procesor FPGA.
Bitcoin Miner. 1,6 Ghash/s, 85W (bitcointalk.org)

Niebezpieczeństwo skutecznego wpływu na procedurę emisji waluty *Bitcoin* nie jest jednak aż tak poważne, jak sugerują. Musiałyby bowiem wystąpić jednocześnie aż trzy istotne zdarzenia.

Po pierwsze, musiałby się znaleźć przynajmniej jeden wyjątkowo nieuczciwy *górnik*, zdecydowany na ukrycie swojego rozwiązania bloku. Po drugie, fakt braku bloku na końcu łańcucha musiałby zostać niezauważony, przy jednoczesnym kontynuowaniu wydobycia. Po trzecie wreszcie, nieuczciwi *górnicy* musieliby współdziałać bardzo długo. Wydaje się, że choć teoretycznie system *Bitcoin* jest podatny na atak uniemożliwiający jego działanie, to atak ten byłby bardzo kosztowny i pracochłonny, więc nieopłacalny.

3.9. Bitcoinowa gorączka złota

Moce obliczeniowe kopaczy Bitcoina rosną wraz z opłacalnością jego pozyskiwania niezwykle szybko. Algorytm Satoshiego stale utrudnia obliczenia; chętni do zdobycia wirtualnej waluty odpowiadają budowa niezwykłych maszyn. Nie wystarcza już mnożenie procesorów graficznych – najbardziej zdeterminowani rzucają pracę w dużych laboratoriach i zakładają *start-upy*, konstruując i produkując specjalizowane czipy ASIC, optymalizowane i przeznaczone wyłącznie do obliczeń „bitcoinowych". Jedną z takich firm jest np. HashFast, który powstał w Kalifornii [16] .

Rys. 3.8. Eduardo de Castro i Simon Barber w firmie HashFast

Na stworzenie takiego specjalizowanego czipu potrzeba 1,5 roku. Eduardo de Castro oraz Simon Barber, były inżynier w Palo Alto Research Center, spróbowali go stworzyć szybciej. Zatrudnili zespół 20 inżynierów oraz konsultantów i na kilka tygodni zamknęli się w biurach lokalnej firmy konsultingowej, specjalizującej się w opracowywaniu chipów. Rachunki za te usługi szły w miliony, choć HashFast pozyskał jedynie 600 tys. USD od przyjaciół i krewnych (a i tak niektórzy, jak mówi de Castro, kręcili nosem na inwestowanie „w produkcję pieniędzy z Monopoly"). HashFast pozyskał resztę potrzebnych środków oferując w przedsprzedaży urządzenia do kopania bitmonet warte 15 mln USD – sprzedając w zasadzie sam pomysł, nawet bez prototypu. W obliczeniach algorytmu Satoshiego opracowany przez nich chip zastępuje podobno 70 tysięcy najszybszych chipów Intela.

Ponieważ kurs bitcoina wówczas się potroił, wzrosło zainteresowanie tym biznesem i rynek stawał się coraz bardziej zatłoczony. Inna firma – *CoinTerra* z Austin w Teksasie – ogłosiła w sierpniu 2013 roku dwa nowe projekty, które nazwała *GoldStrike* i *TerraMiner*. Jak dotąd dostała na nie zamówienia na sumę 20 mln USD. *Start-up*em kieruje doświadczony projektant chipów Ravi Iyengar, który wcześniej pracował dla tak znanych firm jak Intel, Nvidia, Qualcomm, a ostatnio Samsung, gdzie kierował zespołem produkującym chipy dla telefonów i tabletów firmy. Kiedy Iyengar usłyszał o bitcoinie, rzucił dotychczasową pracę, by wykorzystać swoje doświadczenie i wyprzedzić inne *start-upy* chcące wydobywać wirtualną monetę. *Żaden wyścig zbrojeń w historii branży mikroprocesorów nie miał takiego tempa* - mówi Iyengar.

Najbardziej tajemniczą z nowych firm *bitcoinowych* w Dolinie Krzemowej jest *21e6*. Jej nazwa nawiązuje do 21 milionów – maksymalnej liczby możliwych do wykopania *bitcoinów*.

Wg dokumentów sądowych *start-up* ten pozyskał w kwietniu 5 mln USD na budowę, jak sam głosi, jednego z najszybszych chipów do koparek na świecie. Wśród inwestorów znajdują się słynni finansiści. Jednym z założycieli 21e6 jest Balaji Srinivasan, były wykładowca bioinformatyki na Uniwersytecie Stanforda. Prowadzi on również klub miłośników *bitcoina* dla studentów.

Pytany o firmę *21e6*, Srinivasan gwałtownie milknie. Informatorzy zbliżeni do *21e6* twierdzą anonimowo, że firma planuje zachować swoje superszybkie komputery dla siebie i chce zbudować najszybszą na świecie kopalnię *bitcoinów*. Po prostu wirtualną maszynkę do drukowania pieniędzy.

3.10. A kim jest Satoshi Nakamoto?

Ze swoim powiewem wolności i świeżości Bitcoin jako zjawisko, ale i waluta, ma rzesze fanów. Jednocześnie trwają poszukiwania autora tego systemu informatycznego. Tygodnik Newsweek z marca 2014 roku [17} zamieścił wyniki dziennikarskiego poszukiwania twórcy Bitcoina. Wynik tego poszukiwania nic jednak nie wyjaśnił, chociaż znaleziono informatyka o nazwisku Satoshi Nakamoto w Temple City, w aglomeracji Los Angeles w Kalifornii.

Rys. 3.9. Satoshi Nakamoto z Los Angeles

Przeprowadzono z nim wywiad, w którym nie przyznał się do autorstwa systemu Bitcoin, ale też nie zaprzeczył, że miał z tym systemem jakiś związek. Oto co powiedział:

"I am no longer involved in that and I cannot discuss it. It's been turned over to other people. They are in charge of it now. I no longer have any connection...„

4. NOWE KRYPTOWALUTY

4.1. Wstęp

Jak już zdefiniowano w rozdz. 3 kryptowaluta (*cryptocurrency*), czy też inaczej waluta kryptograficzna to pieniądz wirtualny bazujący na prawach i procedurach kryptografii. Ujmując ściślej, to rozproszony system księgowy, wykorzystujący funkcje kryptograficzne, w którym zostają zapisane utajnione informacje o transakcjach i stanie posiadania umownych jednostek w taki sposób, aby nikt poza właścicielem nie miał do tych danych dostępu.

W istocie kryptowaluta to system informatyczny, który generuje wirtualne jednostki pieniężne i umożliwiają obrót tymi jednostkami kontrolowany metodami kryptograficznymi w sposób autonomiczny, niezależny od twórców systemu, administracji i otoczenia prawnego. Kryptografia wdziera się zresztą powszechnie do aplikacji internetowych, w których niezbędne są procedury uwiarygadniania [18, 19].

4.2. Kryptowaluty na rynku

Kryptowaluty są już faktem rynkowym. W roku 2009 pojawiła się pierwsza koncepcja kryptograficznego pieniądza wirtualnego o nazwie Bitcoin.

Koncepcję tą przedstawiono w rozdz. 3. System Bitcoin to, by ująć skrótowo, powszechnie dostępny w internecie zespół aplikacji informatycznych, stanowiący kombinację różnych procedur i algorytmów kryptograficznych, poprzednio ze sobą niewiązanych: Funkcji Skrótu (*hash*), drzew Merkla, Dowodu Pracy (*Proof-of-Work*) oraz całego instrumentarium kryptografii klucza publicznego. Obecnie ta kryptowaluta jest najbardziej rozpowszechnioną kryptowalutą na świecie.

Kryptowalut może być **nieskończenie wiele** Każdy bowiem użytkownik internetu może stworzyć swoją kryptowalutę i „puścić" ją w obieg. Otwartą sprawą jest, czy nowo powołany kryptopieniądz znajdzie użytkowników, którzy zaangażują swoje tradycyjne środki lub pracę dla zdobycia nowych jednostek, a także czy znajdą się ci, którzy będą przyjmować te jednostki w zamian za towary czy usługi. Stale więc powstają w sieci klony Bitcoina, ale też i nowe, oryginalne systemy kryptowalutowe, wykorzystujące środowisko internetowe: otwarte oprogramowanie oraz sieć P2P.

4.3. Zestawienie kryptowalut

Obecnie notuje już kilkaset kryptowalut na 15 giełdach kryptowalut (tzw. kryptogiełdach, czyli serwisach internetowych, w których użytkownicy składają oferty kupna i sprzedaży kryptowalut). Wiele z tych walut znajduje się w rzeczywistym obrocie, choć z niewielką kapitalizacją.

Istnieją poza tym setki innych, o niekiedy dziwnych nazwach i jeszcze bardziej dziwacznych oznaczeniach np. **Unobtanium** (UNO), **Cryptogenic Bullion** (CGB), **Philosopherstone** (PHS), **RadioactiveCoin** (RAD), **SherlockCoin** (SHC), **ThorCoin** (THOR), **ZeusCoin** (ZEU), **HomoCoin** (HOMO), **LoveCoin** (LOVE), **WikiCoin** (WIKI), **Revolution Coin** (CHE), **FourtyTwoCoin** (42), **OctoCoin** (888), **Megacoin** (MΣC), **H2Ocoin** (H2O), **Deutsche eMark** (DEM), **FuckCoin** (FKC, FUCK), **BabyCoin** (BBC), **NyanCoin** (lub Nyan Cat, NYAN).

Poniżej przedstawiono szerzej znane obecnie kryptowaluty w kolejności według daty publikacji, posiadające przynajmniej jedną z poniższych cech:

- kapitalizacja minimum 1 milion USD
- innowacyjny protokół
- szersze uznanie w skali światowej
- brak doniesień o przestępczym wykorzystywaniu

Porównanie wybranych krypowalut

Waluta	Symbol	Data publikacji	Procedura	Metoda dystrybucji	Kapitalizacja rynkowa (USD)
Bitcoin	BTC	03.01.2009	SHA256d	Proof-of-work (fixed, halving)	6,34 mld
Ripple	XRP	01.03.2011	Ripple	centralna	139 mln
Litecoin	LTC	07.10.2011	SCrypt[1)]	Proof-of-work (fixed, halving)	154 mln
Bytecoin	BCN	04.07.2012	CryptoNight[2)]	Proof-of-work (random, smooth)	2,73 mln
Peercoin	PPC	19.08.2012	centralne	Proof-of-stake	15,5 mln
Freicoin	FRC	21.12.2012	SHA256d	Proof-of-work	84 tys.
Feathercoin	FTC	16.04.2013	SCrypt	Proof-of-work (fixed, halving)	1,15 mln
Primecoin	XPM	07.07.2013	Łańcuchy Cunninghama	Proof-of-work	1,2 mln
BitSharesX	BTSX	29.09.2013	Consensus through obscurity[3)]	?	66,5 mln
Nxt	NXT	29.09.2013	Consensus through obscurity	centralna	29 mln
Dogecoin	DOGE	06.12.2013	SCrypt	Proof-of-work (random)	12,7 mln
Darkcoin	DRK	19 Jan 2014	Combo11	Proof-of-work (fixed, curve)	12,5 mln
Monero	XMR	18 Apr 2014	CryptoNight	Proof-of-work (random, smooth)	6,27 mln
MaidSafe Coin	MAID	22 Apr 2014	Bitcoin	centralna	8,54 mln

[1] *SCrypt* – funkcja skrótu kryptograficznego uważana za jedną z najbezpieczniejszych. Pozwala parametryzować nie tylko wymaganą do obliczeń moc obliczeniową, ale również wymaganą ilość używanej pamięci.

[2] *CryptoNight* – jest jednym z algorytmów *proof-of-work*. CryptoNight został wdrożony w technologii CryptoNote (https://cryptonote.org).

[3] *Consensus through obscurity* – uzgadnianie (słabo) zabezpieczone przez nieznajomość, które oparte jest na poglądzie, że nieznajomość luk w systemie uniemożliwia przeprowadzenie ataku.

Wśród wielu nowych kryptowalut, w styczniu 2014 roku pojawił się także polski klon Bitcoina – *Polcoin (PLC)* [20]. Jest to pierwsza polska wirtualna waluta, klon Bitcoina. Istnieje zarówno w wersji na komputery stacjonarne jak i na urządzenia mobilne. Oto jej główne cechy:

Algorytm: SHA256d
Częstotliwość generowania bloku: 60 sekund
Wartość wygenerowanego bloku: 50 PLC
Zmniejszenie wartości generowanego bloku co: 2100000 bloków
Maksymalna liczba monet w obiegu: 210.000.000
Port sieci: 9338
Port RPC: 9337
Przeliczenie trudności przez sieć następuje co 360 bloków lub 6 godzin

Rys 4.1. Symbole kryptowalut Polcoin i Primecoin

4.4. Efektywność obliczeń Dowodu Pracy (Proof-of-Work)

Jedną z podstawowych procedur Bitcoina jest Dowód Pracy (*Proof of Work*) omówiony w rozdz. 3. Podstawowym celem tej procedury jest zapewnienie kontrolowanej emisji jednostek pieniądza w sieci w ściśle określony sposób. Konieczną cechą jest to aby zadanie było trudne do obliczenia, ale łatwe do sprawdzenia. Pierwszym współczesnym przykładem zastosowania takiego pomysłu, właśnie w systemie Bitcoin, jest procedura *hashcash*, oparta na funkcji skrótu SHA256, stworzona przez Adama Backa w 1996 w celu walki ze spamem. Działa ona przez wymaganie od każdego maila sporych obliczeń, co czyni system nieekonomicznym przy masowym wysyłaniu maili, podczas gdy wymiana pojedynczych maili nie stanowi problemu. To samo rozwiązanie stosowane jest właśnie w celu „kopania monet" czyli kontrolowanej programowo emisji pieniądza Bitcoin.

Pojawił się jednak problem ogólnej nieefektywności: obliczeń *proof-of-work.* W sieci Bitcoin wykonuje się obecnie 72073 trylionów operacji na SHA256 co sekundę, podczas gdy same te obliczenia nie są do niczego przydatne. Ani w praktyce ani w nauce. Obliczenia te są bowiem specjalnie utrudniane, by rosła trudność „wydobycia" jednostek waluty w miarę jej emisji. To marnotrawstwo nie jest jednak bezsensowne. Wobec braku alternatywy, jest ono konieczną ceną za zdecentralizowane i prawie autonomiczne działanie globalnej waluty. W 2009 roku, roku publikacji artykułu Satoshi Nakamoto [4], *proof-of-work* rzeczywiście był jedyną dostępną automatyczną procedurą emisyjną. Wkrótce jednak pojawiło kilka nowych pomysłów.

Potencjalnie najbardziej obiecującą, choć niepozorną alternatywą dla *proof-of-work* Satoshiego jest propozycja Sunny'ego Kinga w opracowanej przez niego kryptowalucie ***Primecoin*** [21]. Zamiast porzucać całkowicie *dowód pracy*, autor stara się uczynić to narzędzie potencjalnie użytecznym. Primecoin wymaga od górników wyszukiwania długich *łańcuchów Cunninghama* liczb pierwszych – łańcuchów wartości n-1, 2n-1, 4n-1 i tak dalej aż do momentu, gdy wszystkie wartości w łańcuchu są liczbami pierwszymi. Nie jest przy tym oczywiste, w jaki sposób łańcuchy te mogą być użyteczne. Autor zwraca tylko uwagę na to, że większość kosztów produkcji urządzeń wyspecjalizowanych do tradycyjnych obliczeń *proof-of-work* (np. ASIC) wynika z poszukiwania nowych metod obliczeniowych w nich stosowanych, a nie produkcji samych urządzeń. Propozycja *Primecoin* mogłaby więc zaowocować znalezieniem bardziej wydajnych metod wyliczeń ogólnie arytmetycznych. Nie jest to jednak przekonujące.

4.5. Dowód Stawki

Nowością w nowo publikowanych systemach kryptowalutowych jest procedura Dowód Stawki (*Proof of Stake*) [22, 23]. To alternatywa dla procedury SHA256 z Bitcoina i podobnych, dzięki której możliwe jest całkowite wyeliminowanie marnowania mocy obliczeniowej właściwej *Dowodowi Pracy*. Zamiast wymagać od udowadniającego, aby wykonał określoną ilość wyliczeń, *proof-of-stake* wymaga jedynie okazania określonej ilości posiadanych środków. Satoshi nie mógł tego zrobić sam, gdyż przed rokiem 2009 nie było żadnych „dóbr cyfrowych", które mogłyby bezpiecznie działać w połączeniu z protokołami kryptograficznymi. PayPal oraz inne internetowe serwisy obsługujące karty kredytowe mamy co prawda od ponad 10 lat, ale są to systemy scentralizowane, więc utworzenie w ich ramach systemu *Dowodu Stawki* umożliwiłoby fałszowanie transakcji. Adresy IP oraz nazwy domen są częściowo zdecentralizowane, ale nie jest możliwe stworzenia takiego dowodu posiadania tych dóbr cyfrowych, który mógłby być sprawdzony w przyszłym czasie. W istocie jedynym wirtualnym dobrem, które może działać jako wirtualny *Dowód Stawki* jest Bitcoin lub inne działające kryptowaluty.

Pojawiło się już kilka propozycji odnośnie tego, jak można by wprowadzić *Dowód Stawki* do użytku; jedynym, który w obecnym momencie działa w praktyce jest Peercoin (też PPCoin lub PPC) [24], również stworzony przez Sunny'ego Kinga. Algorytm sprawdzania bloku *Dowodem Stawki* w PPCoin polega na wymaganiu od górnika utworzenia transakcji „stawki monetowej" (*coinstake*), czyli wysłania określonej liczby jednostek kryptowaluty posiadanych przez „górnika" do siebie samego. Określona jest przy tym wysokość nagrody (podobnie jak działające w Bitcoinie wynagrodzenie za jeden blok).

Rys 4.2.. Symbole kryptowalut Peercoin i Qora ver. 2

Hash w ramach SHA256 wyliczany jest jedynie na podstawie danych transakcji, pewnych dodatkowych niezmiennych informacji oraz aktualnej godziny (podawanej w postaci całkowitej liczby sekund, jakie upłynęły od dnia 1 stycznia 1970). *Hash* ten jest następnie sprawdzany podobnie jak w Bitcoinie – trudność jest tu jednak odwrotnie proporcjonalna do „wieku monetowego" danych wyjściowych transakcji. Wiek ten określany jest jako wielkość danych wyjściowych transakcji liczony w PPCoinach pomnożonych przez czas przez który wspomniane dane wyjściowe istniały. W zasadzie każdy blok PPCoin odgrywa rolę „symulowanej instalacji górniczej" (*simulated mining rig*) o ciekawej właściwości: jej moc kopiąca rośnie liniowo, a spada do zera za każdym razem, gdy pojawi się nowy blok.

Nie wiadomo, czy używanie wieku monety zamiast wielkości wyniku jest konieczne. Pierwotnym założeniem tego rozwiązania było zapobieganie ponownemu użyciu tych samych monet, ale obecne działanie PPCoin nie pozwala górnikom na świadome próby wygenerowania bloku z określonym wynikiem transakcji (ang. *transaction output*). Zamiast tego, system wykonuje odpowiednik wybierania losowego co sekundę i być może nadawania użytkownikowi prawa stworzenia bloku. Nawet bez użycia wieku jako aspektu losowego system ten jest zbliżony do emisji Bitcoinów, jednak bez marnotrawienia mocy obliczeniowych. Korzyść z uwzględniania wieku monety wynika ze wzrostu szansy na powodzenie rośnie z czasem. Górnicy mogą spodziewać się tworzenia bloków bardziej regularnie, co obniża ryzyko tworzenie klonów zcentralizowanych ośrodków kopiących (*mining pools*).

4.6. Qora 2.0

Qora [25] jest kryptowalutą drugiej generacji, która po udanym i pełnym obietnic debiucie w roku 2014, w zasadzie upadła. Opóźnienia w upublicznieniu kodu źródłowego spowodowały utratę zaufania i zapoczątkowały nieprzyjemną kampanię dezinformacyjną sugerującą, że Qora nie ma w sobie nic oryginalnego. Społeczność Qory mocno zeszczuplała, rozwój kodu stanął w miejscu i ostatecznie twórca sam porzucił swoje dzieło.

Jednak informatycy, którzy pozostali w społeczności Qory okazali się bardzo lojalni i utalentowani. Po okresie dużej niepewności co do przyszłości, Qora ruszyła na nowo z nowym zespołem. W przeciwieństwie do pierwotnego założyciela, który ograniczał się jedynie do pisania kodu, nowy zespół programistów postanowił równo rozłożyć akcenty i zadbać także o integrację systemu z giełdami oraz marketing, który jest niezwykle istotnym elementem każdego projektu w świecie kryptowalut.

Qora oparta jest także na procedurze *Proof-of-Stake*, a więc jest wolna od kosztów wydobywania. To powoduje, że interesy ekonomiczne posiadaczy waluty i tych, którzy zapewniaja jej bezpieczeństwo stają się zgodne. W planie rozwoju waluty jest wewnętrzna giełda wymiany aktywów, pseudonimy (tj. połączenie dowolnej informacji z dowolną nazwą, co otwiera możliwość utworzenia zdecentralizowanego rejestru DNS), zdecentralizowany system głosowania, opcja przesyłania wiadomości tekstowych do innych użytkowników i wiele innych funkcji. Nowe wcielenie Qory zawiera na przykład, poza wbudowanym systemem głosowania i wewnętrzną giełdą wymiany aktywów, nowy portfel z dostępem do zdecentralizowanej sieci społecznościowej, a także daje możliwość tworzenia zdecentralizowanych stron webowych.

Zautomatyzowane transakcje, także znane jako *smart contracts* z Ethereum (któremu poświęcono odrębny rozdział niniejszej pracy), zostały uruchomione już klika miesięcy temu, równocześnie z nie wymagającą zaufania giełdą *krypto-do-krypto* oraz *Atomic Cross-Chain Transfers*, czyli transakcjom między dwoma niezależnymi łańcuchami bloków (*blockchain*). Uniwersalny portfel działa na wszystkich platformach obsługujących Javę, czyli praktycznie wszędzie.

Duńska giełda CCEDK dodała Qorę do swojej listy kryptowalut, co oznacza, że Qora ma teraz swój nowy dom i nowe źródło płynności. Obsługiwana jest wymiana w relacji do BTC a także trzech tradycyjnych walut: USD, EUR i CNY (chiński juan).

4.7. AtenCoin

AtenCoin jest kryptowalutą wprowadzoną w 2014 roku przez National AtenCoin Foundation (NAC) majacą siedzibę w Las Vegas (USA). Jej nazwa pochodzi od mitycznego metalu szlachetnego o nazwie Aten nazywanego też „czarnym złotem", ponieważ jego wartość miała przewyższać wartość złota, podobno nawet o trzy rzędy wielkości.

Kryptowaluta AtenCoin nie została jeszcze jednak oficjalnie wprowadzona na rynek i jest w trakcie rozwoju. Celem tego projektu, jak twórcy podają w internecie, jest wprowadzenie kryptowaluty następnej (?) generacji i jej rynku transakcyjnego. Według strony internetowej (atencoin.com) Fundacja NAC jest powiązana inwestycyjnie z firmami naftowymi i gazowymi USA co ma zabez-

pieczać nową kryptowalutę przed ryzykiem kursowym waluty. Waluta ta ma być podobno przez współpracę z administracją USA (?) zabezpieczona przed ryzykiem prania pieniędzy. Twórcy AtenCoin twierdzą ponadto, że kryptowaluta ta jest pierwszą cyfrową walutą, która umożliwia wykrycie tożsamości sprawców w przypadku kradzieży. Są to informacje dość egzotyczne i, jak na razie, o małym stopniu prawdopodobieństwa.
Tym nie mniej twórcy AtenCoin zakładają już spółki w wielu krajach. W Polsce jest to AtenPay SA (atenpay.pl). System internetowy oferowany przez AtenPay ma tworzyć przyjazną dla użytkownika platformę do przetwarzania płatności, zarówno dla osób indywidualnych jak i dla biznesu.

Wszystkie te informacje świadczą głównie o tym, że rynek kryptowalut jest „gorący" i nie wiadomo do czego doprowadzi jego rozwój. Jest już jednak bacznie obserwowany przez rządy i wielkie korporacje finansowe świata.

4.8. Dowód Stawki w zastosowaniach pozawalutowych

Interesujące są możliwości zastosowania *Dowodu Stawki* w pozawalutowych aplikacjach. Do tej pory systemy antyspamowe na przykład były zaliczane do trzech kategorii: *Dowód Pracy*, *captcha* oraz systemy tożsamościowe.
Dowód Stawki może tworzyć czwartą kategorię działań antyspamowych. Zamiast przepisywać captcha aby założyć konto na forum, użytkownik może przecież wykorzystać wiek monetowy poprzez wysłanie sobie bitcoina lub ppcoina. Aby upewnić się, że każde wyliczenie w ramach *Dowodu Stawki* jest wykonywane przez użytkownika, a nie losowo wyciągnięte z łańcucha bloków, system może wymagać od użytkownika również wysłania podpisanej wiadomości ze zgadzającym się adresem, lub przesłania pieniędzy sobie samemu losowo określonej kwoty. Zwróćmy uwagę, że wiek monetowy jest tu kluczowy; chcemy bowiem, by użytkownicy mogli tworzyć *Dowody Stawki* na żądanie, więc jakaś wartość musi zostać skonsumowana, by zapobiec pow-

tórnemu użyciu. W pewnym sensie *Dowód Stawki* funkcjonuje podobnie, jak potwierdzanie sms-em.

Prawdziwy potencjał *Dowodu Stawki* widać jednak w kontekście zdecentralizowanych systemów typu *Bitmessage*. *Bitmessage* silnie szyfruje wiadomości w skrzynce odbiorczej każdego użytkownika i replikuje go wewnątrz swojej sieci P2P w skrzynkach pocztowych innych użytkowników, w celu ukrycia tożsamości użytkownika. Zapobiega to podsłuchiwaniu i chroni sieć przed wszelką kontrolą.

Aktualnie *Bitmessage* z braku wyboru korzysta z *Dowodu Pracy*. Nie ma żadnego „zdecentralizowanego systemu captcha". Nie prowadzono też prac nad jego stworzeniem. Jednakże, *Dowód Pracy* jest marnotrawny i czyni *Bitmessage* systemem w pewien sposób niewygodnym i mocożernym. Działa dobrze z emailami, ale nie sprawdza się jako komunikator. Jeśli jednak *Bitmessage* został zintegrowany z Bitcoinem (lub Primecoinem czy PPCoinem) używanie go jako *Dowódu Stawki*, wiele trudności oraz problemów z marnotrawieniem mogłoby zostać rozwiązane.

Dowód Stawki może być użyty aby zabezpieczać kryptowaluty, ale też w zdecentralizowanych systemach antyspamowych, a także w wielu innych protokołach, których jeszcze nie ma. Podobnie jak nikt nie znał kategorii „kryptowaluta" do czasu publikacji Wei Dai'a [3].

5. ŁAŃCUCH BLOKÓW

5.1. Wstęp

"Blockchain tworzy krajom zarówno możliwości jak i wyzwania. Choć nie jest regulowany ani nadzorowany przez żaden bank centralny ... , to jednak stwarza nowe mechanizmy podatkowe, które mogą być wbudowane w łańcuch bloków, np. niewielki podatek od każdej transakcji... ...Innowacje takie jak bitcoin jeszcze przed rokiem 2023 będą miały wpływ na ekonomię globalną...".

Z raportu Światowego Forum Ekonomicznego (World Wconomic Forum, WEF), niezależnej organizacji ekonomicznej założonej w 1971 roku w Szwajcarii, w której corocznych konferencjach uczestniczy ponad 2500 prezesów najbogatszych światowych korporacji, liderów państw, intelektualistów i dziennikarzy.

Kryptowaluta Bitcoin zadebiutowała w 2009 roku i jakkolwiek zostało zaproponowanych w sieci już kilkaset różnych innych, to właśnie ten wirtualny kryptograficzny środek płatniczy jest na świecie dominujący.
Organy podatkowe, ścigania i regulacyjne prawie wszystkich rozwiniętych krajów świata nadal zajmują się badaniem tego zjawiska, jednak wciąż istnieje najważniejszy problem – czy bitcoin jest pieniądzem legalnym, czy też nie.
Jak już wspomniano bitcoiny nie są emitowane przez żaden bank centralny i nie podlegają kontroli jakiekolwiek instytucji. Nowe jednostki bitcoina gene-

rowane są w sieci. Jednostki te nie istnieją w postaci fizycznej, tworzone są software'owo. Podobnie realizowane są wszelkie operacje jak. np. płatności P2P (*peer-to-peer* – równy z równym, sieć w której wszystkie węzły są równorzędne), przelewy i przechowywanie na koncie.

Ze względu na sieciowy charakter tych czynności, są one prawie anonimowe i transgraniczne. Bitcoin jest za to ryzykowny – jego kurs zależy wyłącznie od podaży i popytu na ten środek płatniczy, a zmiany tego kursu mogą być szybkie i duże. Bitcoin jest więc międzynarodową walutą wirtualną i łatwym narzędziem realizacji płatności za towary i usługi w sklepach i firmach internetowych. Waluta ta jest ponadto przedmiotem obrotu na giełdach.

Mimo upływu pięciu lat od narodzin kryptosystemu Bitcoin nie istnieją jak dotąd wyraźne regulacje, które ograniczają, porządkują lub zakazują jego stosowanie. Większość krajów nadal analizuje sposoby prawidłowej regulują tej kryptowaluty i nie ma jasnych ustaleń dotyczących jej legalności Bitcoin pozostaje więc w szarej strefie, bowiem jak każdy skok technologiczny pozostawił daleko w tyle regulacje prawne.

W USA stosunek instytucji państwowych do aplikacji Bitcoin jest ogólnie pozytywny. Kilka agencji rządowych podjęło działania w kierunku zapobiegania transakcjom nielegalnym. Wiele znaczących firm (np. Dish Network, Dell czy Overstock) chętnie przyjmują płatności w tej walucie. Bitcoin został też wprowadzony do transakcji na rynku instrumentów pochodnych i coraz częściej mówi się o jego uzasadnionej obecności.

Zajmujący się gromadzeniem i analizą danych dotyczących transakcji finansowych w celu przeciwdziałania praniu pieniędzy, finansowaniu terroryzmu i innym rodzajom przestępstw finansowych amerykański urząd FinCEN zobowiązał już na początku 2013 roku do rejestracji i prowadzenia dokumentacji transakcji, przy czym bitcoin został zdefiniowany nie jako waluta, ale jako usługa w zakresie „pieniądza biznesu". Podobnie jest w Australii i Kanadzie gdzie operacje bitcoinami są postrzegane jako transakcje barterowe, z których dochód jest opodatkowany. W Unii Europejskiej nie wydano żadnej oficjalnej decyzji w sprawie legalności ani żadnych centralnych wytycznych – poszczególne kraje UE kształtują swój własny stosunek do tej kryptowaluty. W Finlandii i Belgii bitcoin jest traktowany nie jako waluta a towar, którego sprzedaż zwolniona jest z podatku VAT. Na Cyprze obrót bitcoinami nie jest nielegalny, nie jest także kontrolowany i regulowany. Wielka Brytania wykazuje postawę pro – tworzy się otoczenie regulacyjne, aby wspierać te walutę. Podobnie jest w Bułgarii i Niemczech, gdzie bitcoiny są legalne, a nawet opodatkowane.

W wielu krajach stosunek do kryptowaluty Bitcoin oraz innych podobnych pomysłów jest negatywny, by nie powiedzieć wrogi. Na przykład w Wietnamie obrót bitcoinami traktowany jest jako działanie podejrzane, a nawet przestępcze, podejmowane w celu prania brudnych pieniędzy. W Islandii, Boliwii, Kirgistanie i Ekwadorze powstały już regulacje prawne zakazujące obrotu tą kryptowalutą. W Rosji legalność obrotu bitcoinami jest kwestionowana. Ministerstwo Finansów Rosji planuje opracować ustawę o zakazie obrotu tą walutą. Najciekawsze i zróżnicowana jest sytuacja w Chinach. Jakkolwiek wszystkie banki i inne instytucje finansowe nie akceptują zawierania transakcji lub obrotu bitcoinami, to jednak na rynku prywatnym waluta ta kwitnie. Chiny to jeden z największych na świecie bitcoinowych obszarów płatności między osobami prywatnymi.

5.2. Atrakcyjność technologii łańcucha bloków

Jakkolwiek Bitcoin jako waluta i system płatniczy jest aplikacją interesującą, to jeszcze bardziej interesujące, zwłaszcza dla dużych firm informatycznych są niektóre tylko procedury jakie ten system płatniczy zastosował i upowszechnił. To przede wszystkim technologia łańcucha bloków (blockchain), która może okazać się znacznie bardziej wartościowa dla przyszłości niż Bitcoin sam w sobie.

Technologia łańcucha bloków została zastosowana przez twórcę (twórców) kryptowaluty Bitcoin jako rejestr wszelkich transakcji w tym systemie. Jak już to opisano wcześniej, transakcje są grupowane w blokach w celu ich weryfikacji, po czym bloki te są po kolei dołączane do łańcucha poprzednio zweryfikowanych bloków tworząc kompletny zapis wszystkich transakcji dokonanych w systemie od początku jego istnienia. Ten właśnie rejestr bloków to Łańcuch Bloków czyli *blockchain.*

Technologia łańcucha bloków jest jak, już wspomniano, dość szeroko wykorzystywana. Inne znane, choć mniej rozpowszechnione kryptowaluty jak np. Litecoin czy Dogecoin, również tworzą łańcuchy bloków. Wiele różnych innych projektów wykorzystuje własne łańcuchy bloków do przechowywania danych nie dotyczących transferów finansowych. Projekt Namecoin (fork Bitcoina) wykorzystuje łańcuch bloków do rejestracji obrotów domenami internetowymi. Technologia ta jest również wykorzystywana np. do rejestracji prostych programów, które automatycznie przenoszą fundusze, gdy spełnione są określone warunki.

5.3. Wejście Big Blue

Ostatnio wielkim zainteresowanym implementacją technologii łańcucha bloków w bardziej tradycyjnych zastosowaniach niż kryptowaluty okazał się Big Blue, czyli jeden z najstarszych koncernów informatycznych – IBM.

„Blockchain, jako technologia, jest bardzo interesujące i intrygujące" powiedział Arvind Krishna, wiceprezes i dyrektor IBM Research. *„Chcę zbudować bankowość dla 3,2 mld klientów, którzy znajdą się w klasie średniej w ciągu najbliższych 15 lat. Więc muszę zapewnić dużo niższe koszty utrzymania ksiąg. Blockchain oferuje w tym zakresie wiele intrygujących możliwości".*

Kryszna, który wcześniej był dyrektorem generalnym rozwoju i produkcji IBM Systems oraz organizował dział najnowszych technologii, prowadzi ogólną strategię techniczną firmy IBM, nadzoruje około 3000 naukowców i techno-

logów w 12 laboratoriach na sześciu kontynentach. W ciągu ostatniego roku, dziesiątki naukowców IBM rozwija własne prace oparte na technologii *blockchain* dotyczące inteligentnych umów do operacji internetowych. Kryszna powiedział także, że projekt – który jest nadal traktowany jako eksperymentalny przez IBM – może księgować transakcje międzybankowe lub międzyfirmowe i wiele podmiotów ten sąd podziela. Na przykład, gdy chiński dostawca i nabywca w USA zgadzają się, że produkt został dostarczony, bank USA może zapłacić dostawcy natychmiast przez internet.
Naukowcy IBM modyfikują oryginalne pomysły. Można przecież zbudować *blockchain*, która działa nie na walucie, ale dotyczy umów. Zapewni to, że szczegóły umowy są utajnione co ułatwi firmom wprowadzenie do swoich inteligentnych umów własnych reguł biznesowych - na przykład wymogu automatycznej zapłaty za towar w momencie dostawy.
Pojawił się więc pierwszy przypadek połączenia koncepcji inteligentnych umów z technologią *blockchain* i wspierania tego pomysłu przez duże i potężne firmy. Z udokumentowanymi i udanymi rozwiązaniami open-source. Ze względu na swój potencjał i reputację pomysł IBM wykorzystania łańcucha bloków może się rozpowszechnić. Pomysł ten pozwala przecież na wprowadzenie umów cyfrowych, które – jak w transakcjach bitcoinowych będą rejestrowane publicznie i zatwierdzane w światowej sieci komputerowej.
IBM rozwija swoją własną wersję technologii *blockchain*. Jest to znak, że tą technologią zainteresował się świat wielkich korporacji. IBM „odkrył", że łańcuch bloków, swoisty system księgowy systemu Bitcoin, może być zastosowany w wielu dziedzinach, nie tylko w bankowości, ale także w i Internecie Rzeczy (IoT). To koncepcja systemu ADEPT (ang. *Autonomous Decentralized Peer-to-Peer Telemetry*).
Koncepcja ta została formalnie zaprezentowana przez IBM wspólnie z firmą Samsung na targach CES 2015 w Las Vegas. ADEPT jest projektem badawczym dotyczącym zastosowania sieci *peer-to-peer* i technologii łańcucha blo-

ków do zdecentralizowanej wersji Internetu Rzeczy (IoT). Podstawę systemu jest wykorzystanie znanego nam już dobrze narzędzia *proof-of-work*, które wykorzystano do budowy rozproszonej sieci urządzeń – zdecentralizowanego Internetu Rzeczy. IBM i Samsung wybrały trzy protokoły jako podstawę koncepcji ADEPT – *BitTorrent* (udostępnianie plików), *Etereum* (inteligentne umowy, p. rozdz. 6) i *TeleHash* (wiadomości typu *peer-to-peer*). Koncepcję formalnie zaprezentowano na targach CES 2015 w Las Vegas.

Arvind Krishna, wiceprezes i dyrektor IBM Research, który prowadzi ogólną strategię techniczną firmy IBM, a wcześniej był dyrektorem generalnym IBM Systems ds. rozwoju najnowszych technologii, nadzorujacym pracę ponad 3000 naukowców i technologów w 12 laboratoriach IBM na świecie napisał na swoim blogu:

„To zupełnie nowa architektura dla biznesu. Fundament dla nowej generacji aplikacji transakcyjnych, którą tworzą zaufanie i przejrzystość przy jednoczesnym usprawnieniu procesów biznesowych. Jest ona niezbędna by znacznie zmniejszyć koszty i móc efektywnie prowadzić nasze prace".

IBM uważa technologię łańcucha bloków za **przebój w dziedzinie wymiany danych**, a w szczególności za skok jakościowy w udostępnianiu dokumentacji i prowadzeniu wszystkich rodzajów transakcji, również w bardziej tradycyjnych walutach. Firmy mogłyby bowiem „księgować" transakcje z dostawcami na całym świecie w udostępnionym łańcuchu bloków, a nie w postaci zwykłej wymiany danych pomiędzy odrębnymi bazami. Wypożyczalnie samochodów na przykład, mogłyby używać inteligentnych umów, które automatycznie realizowałyby usługę po otrzymaniu informacji o płatności i ubezpieczeniu wprost z zapisu łańcucha bloków.

Liczne są jednak i takie wypowiedzi: *„...blockchain jest nowym błyszczącym obiektem, ale w niektórych przypadkach, jeśli jest używany do złej rzeczy, może działać dwa razy wolniej i dwa razy drożej w porównaniu z tradycyjnymi bazami danych"*

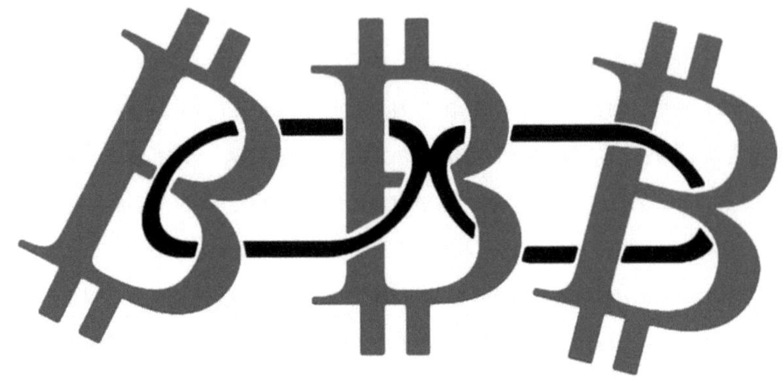

Rys. 5.1. *What's the Next-Generation Internet? Surprise: It's All About the Blockchain!* pisze Huffingtonpost (www.huffingtonpost.com/don-tapscott/whats-the-nextgeneration-_b_6859156.html)

Inteligentne urządzenia mogłyby korzystać z łańcucha bloków nawet zamiast połączenia z tradycyjnym serwerem w chmurze. Na przykład lodówka wyposażona w czujniki i podłączona do Internetu mogłaby że korzystać z danych zawartych w łańcuchu bloków i automatycznie zarządzać interakcją ze światem zewnętrznym, od zamówienia i zapłaty za artykuły spożywcze po aktualizacje oprogramowania.

Warto przy tym zauważyć, że projekty tego rodzaju, w odróżnieniu od systemu Bitcoin mogą wykorzystywać łańcuchy niepubliczne dostępne tylko dla zaproszonych użytkowników sieci, z różnymi uprawnieniami dla różnych użytkowników.

Prace dotyczące zastosowania technologii łańcucha bloków w branży finansowej są także prowadzone w dziewięciu największych bankach, w tym Goldman Sachs, JP Morgan, Credit Suisse i Barclays. Sklep internetowy Overstock.com, który rozpoczął niedawno przyjmowanie bitcoinów, również rozwija swoją własną technologię łańcucha bloków na platformie obrotu papierami wartościowymi. Platforma ta ma rozliczać transakcje znacznie szybciej niż tradycyjne giełdy.

Kontrakty inteligentne są to programy komputerowe, które automatycznie mogą spełniać warunki umowy. W 2001 roku legendarny kryptograf Nick Szabo mówił o inteligentnych umowach, które rozwiązują problem zaufania dzięki osadzeniu w programie informacji na temat właścicielem. Na przykład, klucz do samochodu może działać tylko wtedy, gdy samochód został opłacony zgodnie z warunkami umowy.

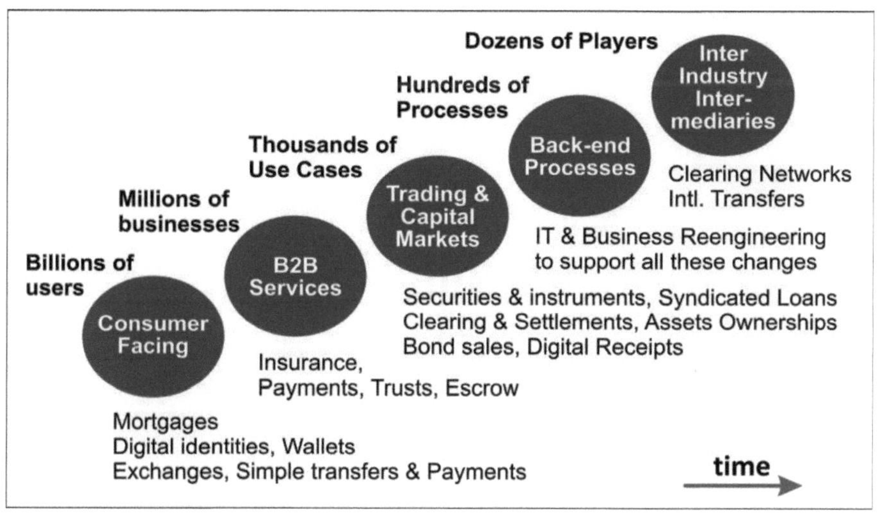

Rys. 5.2. Prognozowane obszary zastosowań łańcucha bloków w usługach finansowych (www.coindesk.com)

Teraz Szabo oczekuje wschodzących inteligentnych platform umów jak Bitcoin2.0 i Ethereum (por. rozdz. 6). Mogą one mieć rewolucyjne znaczenie w systemach finansowych i prawnych. Bardziej elastyczny język Ethereum może ułatwić działanie znacznie szerszej gamie firm handlowych i innych. Jednakże, zgodnie z ograniczonymi informacjami o projekcie IBM, który został ujawnione do tej pory, nie wydaje się by były istotne różnice między

Ethereum i nową platformą IBM. Pojęcie „górników", czyli użytkowników końcowych, którzy wykonują obliczenia w celu potwierdzania transakcji i odbierają wynagrodzenie w kryptowalucie nie będzie istnieć w realizacji IBM. Dlatego też wydaje się, że IBM chce iść o krok dalej, poza modne obecnie pojęcie *permissioned blockchains*. Chodzi o to, aby tylko zatwierdzone przez rządy podmioty finansowe miały prawo do potwierdzania transakcji i wdrożenia specjalizowanego łańcucha bloków bez rodzimej kryptowaluty, wykorzystywanych jedynie do zapisywania i potwierdzania inteligentnych umów.

Rys. 5.3. Bitcoin zmienia bankowość? (www.btc.com)

IBM pracuje nad technologią *blockchain* nie tylko w systemie ADEPT, opracowywanym we współpracy z Samsungiem. W marcu 2015 roku Bitcoin Magazine informował, że IBM w porozumieniu z wieloma bankami centralnymi, w tym z *US Federal Reserve Bank*, opracowuje własną „cyfrową gotówkę" oraz nowy system płatności dla głównych walut. „*Coś w rodzaju Bitcoin, ale bez bitcoin*" jak mówi się w dyskusji nad tym projektem.

6. UOGÓLNIENIE BITCOINA, ETHEREUM

6.1. Wstęp

Artykuł „Bitcoin: A Peer-to-Peer Electronic Cash System” [4] opublikowany w 2008 roku przez Satoshi Nakamoto – nieznanego wówczas autora spowodował wykładniczo narastający proces nowych zdarzeń informatycznych, finansowych i prawnych. Po początkowym dwuletnim okresie mozolnego pełzania, nastąpił wykładniczy wzrost zainteresowania Bitcoinem oraz istotne i coraz szybsze zmiany. Kryptowaluta Bitcoin – jak nazwał ją autor: *a purely peer-to-peer version of electronic cash would allow online payments to be sent directly from one party to another without going through a financial institution,* oparta na technologii **łańcucha bloków** (*blockchain*) pojawiła się w sieci i na rynku, a jej kurs stale rósł.

Rozwój zastosowań technologii łańcucha bloków nabrał prędkości i obecnie odbywa się w dwóch kierunkach.

Pierwszy, to powoływanie do życia ciągle nowych kryptowalut [p. rozdz. 4]. Jest ich już kilkaset. Nie jest to zaskakujące, bowiem kryptowaluta jest po prostu mniejszym lub większym kodem informatycznym, ulokowanym w sieci. By wprowadzić nową kryptowalutę nie potrzeba ani zezwolenia, ani kapitału.

Siła nowo wykreowanej kryptowaluty wynika jedynie z popytu na jej walory. Musi więc tylko powstać społeczność, która stworzy własny rynek wymiany. Drugi kierunek to ulepszanie Bitcoina, a przede wszystkim ekspansja tego systemu w nowe dziedziny aplikacyjne. Niewielu tylko dostrzegło niemal nieograniczone możliwości informatycznego protokołu Bitcoina i zupełnie pozawalutowych zastosowań tej pierwszej kryptowaluty w historii [26], bazujących zwłaszcza na technologii łańcucha bloków.

Pierwszą na świecie kryptowalutę Bitcoin tworzy oprogramowanie typu *open source* w sieci tysięcy komputerów na całym świecie. Na tej podstawie zbudowana jest już duża infrastruktura tworząca prężnie rozwijający się ekosystem oraz szeroki, nieustannie rozrastający się rynek, którego kapitalizacja sięga 10 miliardów dolarów. Wielu niezależnych hakerów oraz innowacyjnych inwestorów dostrzegło wielki potencjał tego systemu. Dlatego też z każdym dniem powstaje wiele aplikacji, których skrypt opiera się w całości lub fragmencie na protokole Bitcoina. Na bazie tego protokołu zbudowano już takie aplikacje jak *Twister*, będący portalem społecznościowym zbliżonym swoją funkcjonalnością do popularnego Twittera, *Bitmessage* który jest komunikatorem umożliwiającym przesyłanie zaszyfrowanych wiadomości oraz *Namecoin* funkcjonujący jako zdecentralizowany system rejestracji domen i zarządzania ich własnością.

Znacznie ciekawsze niż tworzenie klonów Bitcoina jest więc, jak się okazuje, tworzenie nowych informatycznych światów opartych na uniwersalnych cechach technologii Bitcoina. Niewątpliwie znaczącym, dojrzałym i ekscytującym projektem na tej ścieżce rozwoju jest właśnie Ethereum [3, 5].

6.2. Ethereum

Bitcoin jest znany jako portal **płatności** oparty na genialnym protokole. Protokół ten pozwala jednak na stworzenie całego wachlarza innych aplikacji internetowych, nie tylko kryptowalutowych. Przykładem jest nie tylko wspomniany już *Namecoin*, który jest jednocześnie walutą i systemem rejestracji domen internetowych. ale też np. *Colored Coins* pozwalający na przypisywanie Bitcoinom określonych dóbr, w tym obligacji lub konkretnych dóbr materialnych.

Ethereum jest natomiast **platformą** i **językiem programowania**, które łączy zalety wspomnianych wcześniej rozwiązań oferując jednocześnie coś więcej. Założeniem Ethereum jest umożliwienie każdemu kto tylko zechce tworzenie i udostępnianie nowych aplikacji. „Ether" to waluta, z której system korzysta. Jest ona tylko medium wymiany w ramach zdecentralizowanej sieci potencjalnych odbiorców niezależnie stworzonych aplikacji.

Rys. 6.1. Logo platformy Ethereum

Ethereum może służyć do kodyfikowania, decentralizacji oraz obrotu czymkolwiek, co można sobie wyobrazić. Może on zostać użyty w akcie głosowania, na rynku domen, w obrotach finansowych, w *crowdfundingu*, w zarządzaniu firmą, zawieraniu kontraktów i umów, w tym również tzw. *smart contracts*, czyli umów opartych na protokołach komputerowych.

Przykładem takich umów mogą być zakłady sportowe [29]. Zainteresowani obstawiają np. która z dwóch drużyn piłkarskich wygra, następnie system potwierdza wynik i wypłaca pieniądze zwycięzcy bez udziału jakichkolwiek pośredników. Taki zakład ma formę kontraktu, ale nie wyłącznie, pomiędzy dwiema osobami. Kontrakty realizowane na platformie Ethereum funkcjonują autonomicznie jako mechanizmy napędzane przez *blockchain*. Każdy taki kontrakt będzie miał swój własny skrypt i skrypt ten będzie uruchamiany przy każdej z transakcji wysłanej w jego ramach. Załóżmy na przykład, że osoba X powierza osobie Y swoje fundusze w obawie przed ich utratą w przypadku kradzieży jej klucza prywatnego. Osoba X może z własnej woli wypłacać 1% funduszy dziennie, a za przyzwoleniem osoby Y, wypłacanie funduszy może być dla osoby X nieograniczone. Osoba Y jest jednocześnie upoważniona przez skrypt do wybierania 0,05% dziennie i nie ma możliwości przekroczenia tego odsetku. Jeśli osobie X ktoś rzeczywiście ukradnie klucz, może się ona udać z prośbą do osoby Y o przeniesienie funduszy zanim ukradzione zostanie więcej niż 1%. Osoba Y będzie w stanie odzyskać fundusze, a w przypadku, gdy ona sama nie będzie godna zaufania, osoba X może sama wycofać wspomniane fundusze dwudziestokrotnie szybciej od osoby Y.

Ethereum pozwala na tworzenie wielu rodzajów podobnych skryptów. Można więc stwierdzić, że Ethereum umożliwia skorzystanie z potencjału oprogramowania Bitcoina (ale nie tego samego oprogramowania) każdemu, kto zechce z niego skorzystać, dając niezależność od osób trzecich takich jak banki czy bukmacherzy.

System Bitcoin istnieje już od dawna i jest nieustannie ulepszany. Jednak to, co czyni go bezpiecznym, jednocześnie ogranicza możliwości jego rozwijania. Jednym z zagrożeń stojącym przed Ethereum jest więc to, że po przerzuceniu się dużej liczby developerów z Bitcoina na nowy system, powstałby olbrzymi *blockchain*, którego nie będzie łatwo ogarnąć. Biorąc również pod uwagę ewentualne problemy z bezpieczeństwem i stabilnością, próbny *rollout* sieci jest pomysłem więcej, niż sensownym. Nie ulega jednak wątpliwości, że tego typu projekty to manifestacja kolejnego po Bitcoinie kroku w kierunku niezależności wobec rządów oraz wielkich korporacji. Gdy prace się zakończą, w ręce internautów oddane zostanie kolejne narzędzie pozwalające im rozwiązać we własnym zakresie problemy do tej pory wymagające ingerencji osób trzecich. Dlatego projektowi warto bacznie się przyglądać.

6.3. Vitalik Buterin

Vitalik Buterin to 19-letni haker, który zaproponował aby wiele innych aplikacji mogło skorzystać z oprogramowania Bitcoin. Zdecydował się połączyć siły z kilkoma innymi programistami i stworzył *Ethereum* za co otrzymał World Technology Award 2014.

Vitalik Buterin programista i wizjoner technologii *blockchain* urodził się w roku 1994 w Rosji. Od najmłodszych lat mieszka w Kanadzie. Zawsze interesował się matematyką i informatyką, którą studiował na Uniwersytecie Waterloo. Studia te porzucił. Gdy po raz pierwszy zetknął się z Bitcoinem w 2011 roku, nie zainteresował się tą walutą.

– *Zignorowałem to*, powiedział. – *Myślałem, że Bitcoin nie ma żadnej perspektywy, więc spisałem go na straty.*

Przez kilka tygodni śledził jednak rozwój tego pomysłu. Pierwsze bitmonety otrzymał jako zapłatę za artykuły pisane dla serwisu *Bitcoin Weekly*. Na każdym publikowanym tekście zarabiał 5 bitmonet. Ta suma reprezentowała wówczas równowartość 3,75 dolarów. – *To była moja pierwsza prawdziwa praca, za którą dostawałem około 1,30 dolarów za godzinę*, powiedział.

Ethereum to w zamyśle usługa *online*, która pozwala na zbudowanie praktycznie dowolnej aplikacji na wzór Bitcoin i uruchomienie jej w ramach całej sieci obejmującej maszyny zrzeszone w projekcie Ethereum. Bitcoin jest sposobem na wiarygodne przechowywanie i przenoszenie obiektów cyfrowych lub części informacji pomiędzy jego użytkownikami. Dziś służy głównie przechowywaniu i przesyłaniu cyfrowych pieniędzy, jednak ten sam system może doprowadzić do powstania nowego typu sieci społecznościowych, systemów przechowywania danych i rynków papierów wartościowych. Dzięki protokołom zbliżonym do Bitcoina wszystko to może działać bez pomocy organu centralnego likwidując przy tym czynnik ludzki, który prowadzi często do spornych sytuacji i nieprawidłowości w funkcjonowaniu lub egzekucji pewnych zobowiązań.

Rys. 6.2. Serwis Ethereum na portalu www.ethreum.org

Przewidując, że Bitcoin będzie zjawiskiem znacznie większym niż powszechnie sądzono, Vitalik Buterin porzucił uniwersytet i zaczął podróżować po świecie biorąc udział w licznych spotkaniach sympatyków Bitcoina, przyglądając się różnym projektom typu *open source*. Ethereum jest wynikiem tych wszystkich doświadczeń.

Mówiąc inaczej pomysł Ethereum polega na nadbudowywaniu nowych rozwiązań na istniejący protokół. Bitcoin magazynuje wszystkie transakcje w publicznym rejestrze zwanym łańcuchem bloków. Rejestr ten leży również, jak już wspomniano, u podstaw aplikacji typu *Twistera* czy *BitMessage*.

Ethereum wykorzystuje swoją własną wersję takiego rejestru wzbogacona o najróżniejsze aplikacje, które będą mogły być tworzone w uproszczonej wersji języka Python. *Ethereum Script*, bo tak nazywa się ten język umożliwia tworzenie aplikacji przystosowanych do łańcucha bloków systemu Ethereum.

6.4. Ethereum nie korzysta z sieci *peer-to-peer* Bitcoina

Vitalik Buterin przyjął bowiem założenie, że konieczne jest stworzenie zupełnie nowego systemu. Napisał w artykule dla Bitcoin Magazine, że mimo iż Bitcoin radzi sobie świetnie jako samodzielna kryptowaluta mając przy tym znakomitą cechę skalowalności (nawet tzw. „lekkie klienty", które nie przechowują łańcucha *blockchain* na komputerze, ze względu na wolny przesył danych mogą sprawdzić, czy wysłana do nich transakcja rzeczywiście dotarła za pomocą opisanego w *Bitcoin Whitepaper* protokołu „uproszczone potwierdzenie płatności" (*simplified payment verification*, SPV) [30].

Kiedy jednak na Bitcoina „nałoży" się modyfikacje w rodzaju *Colored Coins* czy *Mastercoin*, pojawia się problem. W przypadku pierwszego rozwiązania nie wystarczy użycie wspomnianego wcześniej protokołu SPV do stwierdzenia jakiego koloru jest bitcoin opatrzony specjalnym opisem. By potwierdzić jego istnienie konieczne jest prześledzenie losów tego bitcoina od początku, przeprowadzając jednocześnie test *SPV* na każdym kroku procedury. Czasami taka wsteczna kontrola przebiega z wykładniczo narastającymi trudnościami. W przypadku zaś programu *Mastercoin*, nie ma możliwości stwierdzenia czegokolwiek bez sprawdzenia każdej transakcji z osobna.

Zadaniem Ethereum jest obejście tych problemów. Nie jest wstępnym założeniem systemu , by stał się on rozwiązaniem spełniającym wszystkie wymagania wszelkich możliwych aplikacji. Podstawową jego funkcją ma być pełnienie roli lepszego niż Bitcoin, fundamentalnego protokołu, stanowiącego bazę dla innych zdecentralizowanych aplikacji, przy wykorzystaniu flagowych zalet Ethereum: skalowalności i wydajności.

Należy podkreślić, że system Ethereum nie korzysta z sieci *peer-to-peer* Bitcoina. Nie korzysta też z jego oprogramowania. Buterin i jego zespół budują zupełnie nowy system, który będzie działał w ramach własnej sieci z oddzielnym łańcuchem bloków.

Jednak w Ethereum wykorzystano wiele pomysłów i rozwiązań z oprogramowania Bitcoin. Na przykład, jak już wiemy, wszystkie transakcje Bitcoin są przechowywane w łańcuchu bloków, pełniącym funkcje globalnej księgi rachunkowej obejmującej każdą transakcję, która kiedykolwiek została dokonana. Jest to więc rodzaj zaszyfrowanej bazy danych z której można korzystać do zasilania innych aplikacji.

Ethereum będzie napędzać jeszcze wiele aplikacji oferując, powtórzmy, język Ethereum Script. Taki system może potencjalnie napędzać każdą aplikację od systemów przechowywania w stylu *Dropbox*, aż po niestandardowe kryptowaluty. Zespół Ethereum rozpowszechnił już klienta alfa, działającego na zasadzie idei *proof-of-concept*, natomiast sam kod będzie otwarty do wglądu dla każdego programisty, podobnie jak ma to miejsce w przypadku Bitcoin.

Sieć Ethereum wykorzystuje własną technologię wydobycia, *Dagger*. W celu zapewnienia uczciwego procesu wydobycia zastosowano niektóre rozwiązania znane z algorytmu „górniczego" opartego na architekturze typu *scrypt*, która już jest używana przez kryptowaluty np. w *Litecoin*. Agorytm ten został tak zaprojektowany, aby był bardzo przyjazny dla procesorów typu CPU, a znacznie mniej przyjazny dla górników korzystających z układów scalonych typu ASIC po to, aby obecna elita zaawansowanych górników wykorzystujących dziesiątki lub setki maszyn opartych o technologię typu ASIC nie uzyskała nieuczciwej przewagi. Programiści Ethereum ujawnili już wersję oprogramowania, która zawiera język skryptowy Ethereum tak przejrzysty, jak języki C++, Java i Python. Użytkownicy mogą kodować zautomatyzowane umowy i kontrakty, które w rzeczywistości będą reprezentowane przez *boty* (programy typu robot) mogące wysyłać i odbierać jednostki waluty Ether po spełnieniu pewnych warunków. Chodzi o to, by język kodowania Ethereum umożliwiał wysyłanie pieniędzy za pomocą poleceń, gdy spełnione zostaną warunki zapisane w umowie w postaci odpowiednich linijek kodu.

Ethereum nie jest osamotniony w swoich wysokich ambicjach. Istnieje wiele projektów próbujących dodać inteligentne umowy (ang. *smart contracts*) oraz inne nowe narzędzia i funkcjonalności do systemu Bitcoin. Niektóre z nich, jak QixCoin i Bitcloud budują własne sieci. Inne, jak Colored Coins i Mastercoin, opierają swoje działanie na istniejącej sieci Bitcoin.

Rys.6.3. Zespół Ethereum

Buterin pracował zarówno przy projekcie Colored Coins jak i Mastercoin, ale ostatecznie zdecydował, że bardziej sensowne będzie stworzenie zupełnie nowego systemu:

„Widziałem naprawdę inteligentnych ludzi walących swoimi mądrymi głowami o mur podczas prac przy koncepcji Kolorowych Bitmonet (Colored Coins) i ostatecznie zdałem sobie sprawę, że napotykane trudności nie wynikają z ich niewiedzy bądź niewystarczającego doświadczenia. W rzeczywistości

problem był łatwy do rozwiązania. Były trudności, ponieważ protokół na którym opiera się system Bitcoin nie nadaje się do nadbudowywania takich zaawansowanych aplikacji" powiedział.

6.5. Perspektywy Ethereum [31,32]

Mimo, że aplikacje, które opierają swoje działanie o instrumentarium sieci Bitcoin mają tę zaletę, że wykorzystują istniejącą infrastrukturę i bezpieczeństwo jakie daje sam system. Są one jednak ograniczone przez architekturę i rozwiązania zastosowane w oprogramowaniu hosta (klienta Bitcoin).

Przykładowo Bitcoin oferuje własny język skryptowy, jednak jest on obecnie ograniczony jedynie do zapewnienia i zagwarantowania bezpieczeństwa samego systemu. Ograniczenia te miały sens jedynie w początkowej fazie istnienia Bitcoin, gdy idee tworzące się wokół tej nowej waluty były nowe i niesprawdzone. Jednak teraz, kiedy Bitcoin wydaje się być systemem stabilnym i bezpiecznym jest najwyższy czas, aby nieco poeksperymentować i znaleźć sposób na jego uelastycznienie.

Rys. 6.4. „Farma" Ethereum. Jeden z reklamowych plakatów projektu

Należy jednak pamiętać, że przed projektem Ethereum stoi kilka wyzwań. Wiele osób martwi się, że łańcuch bloków Ethereum będzie szybko rosnąć do niebotycznych rozmiarów jeśli znajdzie szerokie zastosowanie. Buterin uważa, że zespół może rozwiązać ten problem, ale nie może mieć co do tego zupełnej pewności do momentu, w którym sieć zacznie działać. Bezpieczeństwo jest kolejnym dużym problemem z jakim muszą się uporać programiści, dlatego niedawno zespół Ethereum uruchomił sieć testową przed oficjalnym uruchomieniem projektu.

******

Innymi słowy obecne czasy to pierwsze dni dla tego typu nowatorskich rozwiązań programistycznych. Jednak Ethereum i inne kryptoplatformy nowej generacji zarysowują bardzo atrakcyjny obraz naszej przyszłości internetowej. Taki, w którym użytkownicy, a nie rządy czy wielkie korporacje mają wszystko pod kontrolą. Budowanie takiej przyszłości to zadanie wymagające ogromnego wysiłku zarówno od programistów jak i całego społeczeństwa entuzjastów Bitcoin.

Najwyraźniej instytucje bankowe połknęły już haczyk i mimo spadkowej tendencji kursu Bitcoin, do tego ekosystemu wciąż napływa nowy kapitał. W roku 2014 łączna suma funduszy pochodzących z *venture capital* przeznaczonych na rozwój start-upów opierających swoje działanie o system Bitcoin wyniosła 335 mln dolarów, co stanowi znaczną część środków jakie do tej pory zostały zainwestowane w firmy związane z kryptowalutami. Np. firma Coinbase Inc. otrzymała w styczniu 2015 roku 75 mln USD na inwestycje z szanowanych na świecie instytucji finansowych, m. in. giełdy The New York Stock Exchange (NYSE), USAA, BBVA oraz największego japońskiego operatora telefonii komórkowej NTT DoCoMo Inc. Tym samym po raz pierwszy tradycyjne instytucje finansowe objęły bezpośrednie udziały w przedsiębiorstwie związanym z Bitcoinem.

Dyrektor Wykonawczy BBVA Ventures, Jay Reinemann, skomentował to wydarzenie następująco: *Coinbase oferuje kompleksowe usługi dla konsumentów, przedsiębiorców oraz programistów działając na najważniejsze aspekty tego szybko rozwijającego się ekosystemu.*

To przykład, że świat finansów dostrzegł potencjał Bitcoina oraz technologii *blockchain*.

7. KRYPTOGRAFIA w VoIP

7.1. Nie tylko kryptowaluty

Po wprowadzeniu fermentu do usług finansowych i obrotu pieniądzem kryptografia klucza publicznego zaczyna wywracać rynek utajnianych usług telefoniczmych i teleinformatycznych. Jakkolwiek nie jest to temat bezpośrednio związany z kryptowalutami, to jednak ze względu na wykorzystywane instrumentarium może być przedstawiony w niniejszej pracy pokazując szerszą perspektywę zastosowań współczesnej kryptografii.

W 2011 r. Phil Zimmermann – ważna postać współczesnej kryptografii, członek *Internet Hall of Fame,* twórca powszechnie stosowanego w poczcie elektronicznej protokołu **PGP** (*Pretty Good Privacy,* całkiem niezła prywatność) zapewniającego poufność e-maili, oraz Mike Janke, były specjalista od zabezpieczeń Navy SEAL a także Jon Callas, twórca oprogramowania szyfrującego zawartość dysków twardych nawiązali współpracę. Ich celem było stworzenia pierwszej na świecie, łatwej w użyciu i dostępnej dla wszystkich prywatnej bezpiecznej cyfrowej łączności mobilnej, zarówno głosowej, jak i tekstowej, video i transmisji plików. W odróżnieniu od PGP był to już biznes.

Tak powstała firma *Silent Circle* z główną siedzibą w Genewie i kilkudziesięcioma oddziałami na świecie. *Silent Circle* jest obecnie uznaną firmą zapewniającą bezpieczną komunikację cyfrową osobom prywatnym, firmom i rządom w ponad 130 krajach, oferując tani i jednocześnie bardzo zaawansowany system oprogramowania, urządzeń i usług. Bazą tego systemu jest protokół ZRTP. Jest to znany już dobrze protokół RTP (Real Time Protocol) stosowany procedurach Internetu Rzeczy, ale wzbogacony o funkcje komunikacyjno-głosowe.

7.2. VoIP nie jest bezpieczny

Internet nie jest bezpiecznym, chioć już popularnym środowiskiem łączności telefonicznej. Wraz z rozpowszechnianiem się technologii VoIP (ang. *Voice over IP*) zanika obszar telefonii tradycyjnej (PSTN, ang. *Public Switched Telephone Network*), znacznie trudniejszej do podsłuchu przez osoby niepowołane. Połączenia VoIP są coraz częściej infiltrowane przez np. przestępczość zorganizowaną. W sieciach biurowych może np. być łatwo wprowadzane oprogramowanie typu *spyware*, które jest w stanie przechwytywać korporacyjne połączenia VoIP i ujawniać tym samym na drugim końcu świata informacje poufne i np. sprzedawać. Z kolei rozmowy w sieciach GSM szyfrowane są 64-bitowym kodem A5/1 (patrz p. 1.10), stworzonym bardzo dawno (1987). Złamanie takiego szyfru za pomocą standardowego komputera z dobrą kartą graficzną zajmuje obecnie kilka minut, a za pomocą profesjonalnego sprzętu – kilka sekund. Samo fizyczne przechwycenie danych jest bardzo proste – fale radiowe rozchodzą się we wszystkich kierunkach i do przechwycenia sygnału wystarczy np. programowo przestrajany odbiornik radiowy SDR (ang. *Software Defined Radio*). Ponadto rozmowy GSM są szyfrowane na łączu telefon-operator, a potem ponownie szyfrowane w celu wysłania do rozmówcy. Nie ma więc żadnego problemu w tym, żeby operator podsłuchiwał lub rejestrował wszystkie rozmowy. Istnieją, oczywiście, ograniczenia prawne, ale

czy można mieć pewność, że powstrzymają one technika przed podsłuchiwaniem, gdy będzie mu to potrzebne?
Komunikator *Skype* z kolei reklamuje się jako bezpieczny, ponieważ realizuje połączenia bezpośrednio między użytkownikami i zabezpiecza je przed podsłuchaniem silnym, 256-bitowym szyfrem. Niestety, ani pierwotni autorzy, ani obecny właściciel – Microsoft – nie zdecydowali się na poddanie publicznym badaniom bezpieczeństwa tego protokołu komunikacyjnego. Co więcej, Microsoft w miesiąc po zakupie *Skype*'a otrzymał patent na podsłuchiwanie komunikacji w Internecie, a zapytany czy ma możliwość podsłuchiwania rozmów nie potwierdził, ani nie zaprzeczył. Innymi popularnymi programami do rozmów jest *Google Talk* oraz *Hangouts*. Programy te używają otwartych protokołów XMPP czy *Jingle* i są przebadane przez specjalistów. Oba jednak zazwyczaj szyfrują jedynie połączenie klient–serwer, pozwalając pracownikom Google na podsłuchiwanie rozmów.
Warto wreszcie wspomnieć o atakach MITM (*man in the middle* – człowiek w środku). To ktoś, kto ma dostęp do łącza internetowego pomiędzy rozmawiającymi, jak np. Google. Pośrednik ten mógłby przechwytywać pakiety, modyfikować je oraz wysyłać dalej. Zabiegom takim mają zapobiegać certyfikaty SSL, ale jeśli atakujący dysponuje wystarczająco dużymi środkami, może taki certyfikat sfałszować (jak np. rząd Tunezji, który w czasie arabskiej wiosny, podrobił certyfikaty Facebooka, Gmail oraz Yahoo! i do każdej strony doklejał kod zapisujący wciśnięte klawisze tzw. *keylogger*).

Jaki więc powinien być protokół skuteczny? Powinien mieć przynajmniej dwie cechy: zapewnić takie szyfrowanie danych, aby tylko rozmówcy mogli rozszyfrować strumień danych oraz wykluczyć ataki MITM.
Takie właśnie były założenia protokołu ZRTP (zobacz Słowniczek na końcu książki). Bazą tego protokołu jest wspominany już wielokrotnie w tej pracy algorytm Diffiego–Hellmana.

7.3. Algorytm Diffiego–Hellmana ponownie [5]

Algorytm (DH) został opracowany przez Witfielda Diffiego oraz Martina Hellmana jeszcze w 1976 roku. Jest on więc w istocie procedurą uzgadniania wspólnego klucza szyfrująco-deszyfrującego transmisję. Jego siła oparta jest na trudności obliczania logarytmów dyskretnych w ciałach skończonych. Al.-gorytm DH pozwala bezpiecznie uzgodnić klucz nawet jeżeli istnieje osoba, która podsłuchuje proces uzgadniania klucza. Algorytm ten umożliwia wygenerowanie jednego klucza dla obu stron transakcji, bez przesyłania żadnych poufnych informacji. Tak wygenerowany klucz jest później wykorzystywany przez kryptograficzny algorytm symetryczny. Algorytm DH nie jest odporny na atak MITM czyli ingerencję w komunikację między odbiorcą, a nadawcą poprzez podmianę kluczy publicznych.

Alicja				**Bob**		
Tajne	Publiczne	Obliczane	Wysyłane	Obliczane	Publiczne	Tajne
a	p, g		p,g→			b
a	p, g, A	g^a mod p = A	A→		p, g	b
a	p, g, A		←B	g^b mod p = B	p, g, A, B	b
a, **s**	p, g, A, B	B^a mod p = s		A^b mod p = s	p, g, A, B	b, **s**

Oto ogólny schemat protokołu:

1. Alicja i Bob wyznaczają dwie liczby: *p* będącą liczbą pierwsza oraz *g* (zwaną generatorem) mniejsze od , z następującymi właściwościami:
2. Alicja generuje prywatną wartość *a*, Bob generuje prywatną wartość *b*.

3. Alicja wysyła Bobowi g^a mod p. Bob wysyła Alicji g^b mod p.(są to wartości publiczne)

4. Alicja oblicza na podstawie swojej wartości prywatnej $k=(g^b)^a$ mod p.

5. Bob oblicza na postawie swojej wartości prywatnej $k=(g^a)^b$ mod p.

W tablicy na stronie poprzedniej podano przykład protokołu BH: Alicja i Bob uzgadniają liczbę pierwszą p=23 i podstawę g=5.

1. Alicja wybiera tajną liczbę całkowitą a=6, i wysyła Bobowi A = g^a mod p

- A = 5^6 mod 23
- A = 15,625 mod 23
- A = 8

2. Bob wybiera tajną liczbę całkowitą b=15, i wysyła Alicji B = g^b mod p

- B = 5^{15} mod 23
- B = 30,517,578,125 mod 23
- B = 19

3. Alicja oblicza s = B^a mod p

- s = 19^6 mod 23
- s = 47,045,881 mod 23
- s = 2

4. Bob oblicza s = A^b mod p

- s = 8^{15} mod 23
- s = 35,184,372,088,832 mod 23
- s = 2

5. Alicja i Bob współdzielą tajną liczbę: s = 2. Jest tak, ponieważ 6*15 jest tym samym, co 15*6. Więc jeśli ktoś znałby jednoczenie obie tajne wartości, mógłby także obliczyć s:

- s = 5^{6*15} mod 23
- s = 5^{15*6} mod 23

- $s = 5^{90} \bmod 23$
- s = 807,793,566,946,316,088,741,610,050,849,573,099,185,363, 389,551,639,556,884,765,625 mod 23
- $s = 2$

Zarówno Alicja jak i Bob posiadają tę samą wartość tajną, ponieważ $(g^a)^b$ oraz $(g^b)^a$ są przystające modulo *p*.

Zauważmy że jedynie *a*, *b* i $g^{ab} = g^{ba} \bmod p$ są trzymane w tajemnicy. Pozostałe wartości – *p*, *g*, $g^a \bmod p$, oraz $g^b \bmod p$ – są wysyłane jawnie. Gdy Alicja i Bob obliczą wspólną wartość, mogą użyć jej jako klucza, znanego tylko im, w publicznym kanale komunikacji. Oczywiście, dla zapewnienia bezpieczeństwa, wartości *a*, *b* i *p* powinny być znacznie większe, ponieważ łatwo jest przeprowadzić próbę dla niewielu kombinacji. Gdy *p* jest liczbą pierwszą długości ok. 300 cyfr, a *a* oraz *b* mają po co najmniej 100 cyfr każda, wtedy nawet najszybszy znany obecnie algorytm na najszybszych komputerach nie znajdzie *a* mając jedynie *g*, *p*, $g^b \bmod p$ i $g^a \bmod p$ w rozsądnym czasie (problem logarytmu dyskretnego). Zauważmy, że *g* nie musi być duże (w praktyce wybiera się 2 lub 5).

Oboje, zarówno Alicja jak i Bob, posiadają teraz element g^{ab}, który może posłużyć jako tajny klucz. W celu odszyfrowania wiadomości *m* z szyfrogramu mg^{ab}, Bob (lub Alicja) muszę najpierw obliczyć $(g^{ab})^{-1}$: Bob zna $|G|$, *b* i g^a. Z wartości konstrukcji grupy *G*, dla kazdego *x* w *G*, $x^{|G|} = 1$. Bob oblicza:

$$(g^a)^{|G|-b} = g^{a(|G|-b)} = g^{a|G|-ab} = g^{a|G|}g^{-ab} = (g^{|G|})^a g^{-ab} = 1^a g^{-ab} = g^{-ab} = (g^{ab})^{-1}.$$

Kiedy Alicja wysyła Bobowi szyfrogram mg^{ab}, Bob używa $(g^{ab})^{-1}$ i odzyskuje wiadomość $mg^{ab}(g^{ab})^{-1} = m(1) = m$.

7.4. **Protokół ZRTP** (RFC 6189) [33, 34]

Protokół ZRTP (*Zimmermann & Real-time Transport Protocol*) posiada kilka cech kryptograficznych, których nie ma w wielu innych metodach szyfrowania VoIP. Chociaż protokoł ten używa algorytmu klucza publicznego, nie korzysta z Infrastruktury Klucza Publicznego (PKI), znanej z podpisu elektronicznego. Protokół ZRTP ma opcjonalną możliwość korzystania z infrastruktury PKI, ale wprowadzenie jej do protokołu VoIP jest niekorzystne, co wykazał upadek np. protokołu PEM (zob. Słowniczek na końcu książki).

Protokół ZRTP nie używa stałych kluczy publicznych. Wykorzystuje opisany wyżej algorytm Diffiego-Hellmana z wykorzystaniem także znanej nam już funkcji skrótu *hash*. Ponadto umożliwia wykrycie ataku MITM przez wyświetlanie krótkiego hasła cyfrowego, które użytkownicy mogą porównać ustnie. Posiada również dodatkowe zabezpieczenie przed atakiem MITM, oparte na wprowadzeniu ciągłości transmisji poprzez wykorzystanie cyfrowego fragmentu poprzedniej, do następnej rozmowy, co daje podstawową ciągłość. Podobnie czynią to urzędy certyfikacji. Wszystko to nie wymaga PKI, certyfikacji kluczy itp. Protokół ZRTP nie potrzebuje odwoływania się do żadnych serwerów. Uzgadnianie i zarządzanie kluczami następuje tylko *peer-to-peer* za pomocą strumienia pakietów RTP. Automatycznie wykrywane jest, czy inny klient VoIP obsługuje ZRTP.

Warto zauważyć, że główna różnica między protokołami ZRTP a SRTP (RFC 3711, zob. Słowniczek) polega na tym, że SRTP szyfruje oraz uwierzytelnia wiadomości zapewniając ich integralność i ochronę przed powtarzaniem danych wykorzystując zwykle szyfr symetryczny AES. Ale protokół SRTP nie może być użyty dopóty, dopóki obie strony połączenia nie wynegocjują klucza sesyjnego. System łączności *Silent Circle* opiera się na protokole ZRTP, który wykorzystuje protokół SRTP, ale dopiero po wykonaniu procedury uzgodnieniu klucza.

Połączenie ZRTP składa się więc trzech faz. W fazie pierwszej, zostaje zestawione nieszyfrowane połączenie pomiędzy rozmówcami i programy używane do rozmowy sprawdzają, czy druga strona obsługuje szyfrowanie połączeń. Jeśli tak, rozpoczynane jest szyfrowane połączenie – po zakończeniu fazy drugiej obaj rozmówcy słyszą się nawzajem, są w połączeniu szyfrowanym, ale nie mogą być pewni, czy nie są ofiarami ataku MITM. W fazie trzeciej, na ekranach obu z nich pojawia się ten sam czteroznakowy kod. Jeśli rozmawiając potwierdzą, że obaj widzą ten sam kod – mogą być pewni, że nikt ich nie podsłuchuje.

Jak już wspomniano, na potrzeby każdej rozmowy generowany jest inny, losowy klucz. Zaraz po zakończeniu rozmowy jest on kasowany z pamięci. Zauważmy więc, że jeśli nawet ktoś nagra całą rozmowę w postaci zaszyfrowanej i np. ukradnie laptopa z którego ta rozmowa była przeprowadzona, nadal nie będzie w stanie jej odzyskać.

Protokół ZRTP jest otwarty i zaraz po jego publikacji pojawiło się kilka programów, które go wykorzystują. Obecnie obsługiwany jest na każdej liczącej się platformie, zarówno komórkowej, jak i desktopowej. Protokół ZRTP definiuje wyłącznie sposób szyfrowania i z tego powodu może być stosowany razem z praktycznie każdym istniejącym protokołem komunikacji.

7.5. Silent Circle

Początkowo *start-upowa* firma Silent Circle LLC, w ciagu trzech ostatnich lat rozrosła się do formatu światowego i dostarcza swoje produkty i usługi w 130 krajach. Oferta firmy opiera się na wykorzystaniu własnych protokołów ZRTP (do utajniania on-line transmisji audio i video) oraz SCIMP (do zakodowania transmisji tekstowych):

Silent Phone. Bezpieczne rozwiązanie komunikacji mobilnej dla iOS i Android, która obejmuje usługi głosowe, tekstowe, wideo, przesyłanie plików i wiele więcej.

Silent Text. Automatyczne szyfrowanie wiadomości tekstowych. Zawiera funkcje nagrywania, który niszczy wiadomości po przeczytaniu.

Reinventing Privacy. Dedykowane zastosowania platformy bezpiecznych prywatnych usług łączności *peer-to-peer* we własnej zastrzeżonej sieci.

Silent Phone For Desktop. Silent Phone w wersji *desktop*.

Silent Circle Management Consol. Konsola internetowa do zarządzania w swojej własnej sieci usługami *Silent Phone* i *Silent Text.*

Koronną propozycją firmy jest *Blackphone* czyli smartfon opracowany przez specjalnie powołaną nowa firmę-córkę SGP Technologies (joint venture *GeeksPhone* i *Silent Circle*), który zapewnia szyfrowanie rozmów telefonicznych on-line, e-maili, tekstów i kodowanego przeglądania Internetu. *Blackphone* zapewnia dostęp do Internetu za pośrednictwem sieci VPN. Telefon ma nowy system operacyjny *PrivatOS,* który jest rozszerzoną o pakiet narzędzi kryptograficznych wersją Androida.. B*lackphone* posiada 4,7-calowy ekran, czterordzeniowy procesor 2 GHz, 16 GB pamięci, 8-megapikselowy aparat i LTE.

Zacytujmy z [35]: *Kiedy 20 lat temu Zimmermann udostępnił kod PGP, społeczność internetowa mogła skorzystać z owoców jego pracy za darmo. Tym razem postanowił zarobić na swoim nowym pomyśle. Prawdopodobnie korzystanie z Silent Circle będzie oznaczało konieczność wykupienia miesięcznego abonamentu w wysokości ok. 20 dolarów. Czy internauci gotowi są płacić za większą prywatność?*

Okazało się, że tak. Phil Zimmermann po raz kolejny pokazał, że potrafi zmieniać świat.

7.6. Silent Network

Pierwszym na świecie operatorem telekomunikacyjnym oferującym usługi szyfrowanych połączeń mobilnych firmy Silent Circle był holenderski **KPN** (**Koninklijke KPN NV**, wcześniej **Koninklijke PTT Nederland**). KPN informuje [36], że aplikacje Silent Circle są dostępne w chmurze poprzez smartfony i tablety z systemem iOS lub Android.

Podstawą działania cyfrowej łączności szyfrowanej firmy *Silent Circle* jest *Silent Network*, czyli zamknięta, nie współdzielona sieć prywatna. Składa się z dedykowanych serwerów, kodeków, szeregu urządzeń specjalnych i oprogramowania, specjalnie zaprojektowanych dla zapewnienia bezpieczeństwa informacji (ang. *security integrated through design*), w czym twórcy firmy są uznanymi autorytetami.

Sieć *Silent Network* jest siecią równorzędną typu *peer-to-peer*, której architektura zapewnia równorzędność wszystkich jej węzłów. W sieci tej każdy komputer dysponuje podobnymi możliwościami oraz może inicjować połączenia. Nie ma ustalonej hierarchii ani centralnego serwera. Ten sam komputer może równocześnie pełnić rolę serwera i klienta, czyli pobierać dane z innych komputerów i udostępniać swoje zasoby wszystkim pozostałym komputerom.

Każda sesja łączności, a wiec np. każde połączenie telefoniczne, jest w sieci *Silent Network* poprzedzone opisana juz fazą negocjacji klucza. Po zakończeniu każdego połączenia klucze i tekst, np. rozmowy, są niszczone, co uniemożliwia jakiekolwiek odtworzenie przesyłanej informacji.

Serwery sieci *Silent Network* są skalowalne i przystosowane do redundancji geograficznej. W sieć wbudowano mechanizmy *Interactive Voice Authenthication* oraz *Visual Encryption Verification* [37] aby zabezpieczyć sieć przed tzw. atakiem MITM (*man in the middle*), czyli włączenia się w połączenie osoby trzeciej w celu np. podmiany kluczy. W sieci *Silent Network* wykorzystywane są procedury SAS (ang. *short authentication string*), algorytmy *Peer Reviewed Encryption, Hashing Algorithms, Elliptic Curve Cryptography* (P-384), *Advanced Encryption Standard* (AES-256) oraz *hash* SHA-256.

7.7. Agorytmy Silent Network

Warto podkreślić, że matematyczne instrumentarium stosowane we współczesnej kryptografii klucza publicznego, w tym także w *Silent Network*, nie jest jeszcze do końca zbadane i domknięte. Zarówno normatywne algorytmy zatwierdzone przez instytucje standaryzacyjne jak i właściwości funkcji matematycznych stosowanych w aplikacjach nie są do końca zbadane, a prace wciąż trwają. Bezpieczeństwo stosowanych algorytmów jest wciąż dyskutowane, testowana jest też ich odporność na ataki cybernetyczne. Uznanie bowiem jakiejkolwiek funkcji za bezpieczną do zastosowań kryptograficznych opiera się wciąż na **domniemaniu** odporności na **znane** ataki kryptoanalityczne, nie zaś na matematycznych dowodach gwarantujących niemożność jej złamania [38].

Na przykład Istnienie jednokierunkowych funkcji nie zostało dotychczas dowiedzione. Poważne słabości znaleziono w wielu funkcjach skrótu, które historycznie uchodziły za bezpieczne. Funkcje skrótu (*hashe*) używane obecnie w kryptografii to MD5, SHA-1, SHA-2 (SHA-224, SHA-256, SHA-384, SHA-512), RIPEMD-160. Jedną z najbardziej popularnych rodzin funkcji skrótu jest rodzina MD (*Message Digest*) Ronalda Rivesta, współtwórcy RSA. MD5 (*Message-Digest algorithm 5*), piąta wersja funkcji została opracowana w roku 1991. Generuje ona z dowolnego ciągu danych 128-bitowy skrót. W 2004 roku znaleziono sposób na generowanie kolizji w MD5, co spowodowało, że funkcja ta nie jest już polecana do zastosowań wymagających wysokiego poziomu bezpieczeństwa. Jest jednak w dalszym ciągu powszechnie stosowana w internecie jako suma kontrolna przesyłanych plików.

SHA (*Secure Hash Algorithm*) to rodzina kryptograficznych funkcji skrótu zaprojektowanych przez NSA (*National Security Agency*) i publikowanych przez NIST (*National Institute of Standards and Technology*). Pierwsza z tych funkcji, opublikowana w 1993 roku, została wycofana ze względu na nieujawnione oficjalnie wady. W 1995 roku została ona zastąpiona przez SHA-1, algorytm, który generuje 160-bitowy skrót z wiadomości o maksymalnym rozmiarze 264 bitów. W budowie jest podobny do MD5. Grupa funkcji SHA-2, a więc i stosowana m. in. w *Silent Network* funkcja SHA-256 jest wciąż przedmiotem badań matematyków. Dlatego NIST prowadzi publiczny konkurs na następcę dotychczasowych funkcji skrótu.

RIPEMD to funkcja skrótu opracowana w ramach projektu Unii Europejskiej o nazwie RIPE (*RACE Integrity Primitives Evaluation*) realizowanego w latach

1988-1992. W 1996 roku powstała wersja generująca skrót 160-bitowy nazwana RIPEMD-160. W 2004 roku Xiaoyun Wang, Dengguo Feng, Xuejia Lai oraz Hongbo Yu opublikowali dokument w którym podano dwie pary wiadomości produkujących te same skróty. Algorytm RIPEMD-160 jest więc stosunkowo mało popularny gdyż jest słabo zbadany z punktu widzenia bezpieczeństwa stosowania.

Również szeroko stosowane w praktyce systemy kryptograficzne jak RSA, ElGamal, DSA (*Digital Signature Algorithm*), ECDSA (krzywe eliptyczne DSA), algorytm Rabina, podpisy Schnorra, czy w końcu klasa podpisów Nyberg-Rüppel'a nie są jeszcze do końca zbadane, choć niektóre z nich zostały już zestandaryzowane (IEEE P1363). Dowodzi tego analiza prostego schematu Nyberg-Rüppel'a tzw. *schematu bez odzysku wiadomości* [39], w którym przeanalizowano i oceniono prawdopodobieństwo ingerencji w tym systemie i zaproponowano proste metody kontroli prawdopodobieństwa fałszerstwa transmisji.

7.8. Podstawowe aplikacje Silent Circle na smartfony i tablety

Po zbudowaniu niezbędnej infrastruktury, czyli *Silent Network*, i opracowaniu koniecznego software'u firma *Silent Circle* zaoferowała kilka aplikacji na istniejące urządzenia mobilne. Instalacja tych aplikacji jest darmowa (przez Apple App Store lub Google Play), ale korzystanie z nich – płatne w postaci abonamentu na minuty, podobnie jak w telefonii komórkowej. Dwie najważniejsze z tych aplikacji to *Silent Phone* i *Silent Text.*

Silent Phone to aplikacja na smartfony i tablety, zarówno z systemem operacyjnym iOS jak i Android, zapewniająca prywatną szyfrowaną komunikacji głosową i wideo. Jest to aplikacja łatwa w użyciu, umożliwiająca połączenia w jakości HD, w sieciach 3G/4G i Wi-Fi, szyfrowane protokołem ZRTP.

Protokół ten wykrywa kiedy zaczyna się rozmowa, inicjuje wymianę kluczy kryptograficznych między dwoma rozmówcami, a następnie szyfruje i rozszyfrowuje *on-line* transmisję głosu i danych. Uzgadnianie kluczy odbywa się bezpośrednio *peer-to-peer*, w strumieniu danych. Klucze są niszczone z końcem rozmowy. *Silent Phone* umożliwia szyfrowane połączenia głosowe, bezpieczny wideo-czat i bezpieczne połączenia konferencyjne.

Silent Text. To aplikacja pozwalająca na przesyłanie automatycznie zaszyfrowanych wiadomości tekstowych – plików, SMS-ów, obrazów, linków i wielu innych obiektów. Aplikacja ta wyposażona jest w funkcję niszczenia wiadomości po przeczytaniu. Podobnie jak *Silent Phone*, aplikację tę można instalować bezpłatnie z *Apple App Store* lub *Google Play* i używać w ramach płatnych planów taryfowych. *Silent Text* oparty jest na protokole SCIMP, który zapewnia szyfrowanie, zabezpieczenie treści i proces negocjacji kluczy.

Zastosowanie aplikacji *Silent Text* opisują twórcy systemu na swojej stronie internetowej w sposób kolokwialny a jednocześnie trafny:

"*...jest to system bezpiecznego przesyłania informacji tekstowych i obrazków dla działaczy, żołnierzy, biznesmenów w podróży, zakochanych, bojowników o wolność, prawników, lekarzy, dyrektorów i prezesów, tzn. osób, którzy potrzebują uchronić swoje poufne informacje przed wścibskimi. Silent Text zapewnia najsilniejsze szyfrowanie bez wymagania żadnej wiedzy technicznej.*"

7.9. Inne produkty *Silent Circle*

Obok opisanych wyżej aplikacji firma *Silent Circle* oferuje jeszcze szereg usług o charakterze bardziej profesjonalnym:

Reinventing Privacy. Dedykowane zastosowania platformy bezpiecznych prywatnych usług łączności *peer-to-peer* we własnej zastrzeżonej sieci.

Silent Phone For Desktop czyli Silent Phone w wersji *desktop.*

Silent Circle Management Consol. Konsola internetowa do zarządzania w swojej własnej sieci usługami *Silent Phone* i *Silent Text.*

******

Technologie *Silent Circle* mają rzeczywiście charakter rewolucyjny: w sposób łatwy, przyjemny, skuteczny i tani udostępniają wszystkim chętnym trudne i skomplikowane technologie kryptograficzne, które sprawiają, że kontrola oferowanej przez nich komunikacji staje się bardzo trudna. Natychmiast pojawiają się wątpliwości, czy technologie te nie mogą zostać wykorzystane przez przestępców i terrorystów. Sam twórca protokołu ZRTP Phil Zimmermann zapewniał, ża jak dotąd nie zaimplementował „tylnych drzwi" w algorytmie, np. dla NSA. A bez tego zabezpieczanie danych *Silent Circle* może być śmiertelnie niebezpieczne dla innych. Na ten temat nic jak dotąd nie wiadomo. Jednak pewną nadzieję na możliwość ustanowienia takiej kontroli stanowi jednak fakt, że wszystkie dane w systemach *Silent Circle* płyną przez łącza, kodeki i serwery sieci dedykowanej *Silent Network*. A więc jest Centrala, która być może, coś może. Pokaże to przyszłość.

SŁOWNICZEK NAZW PROTOKOŁÓW

IETF (*Internet Engineering Task Force*) to nieformalne, międzynarodowe stowarzyszenie osób zainteresowanych ustanawianiem standardów technicznych i organizacyjnych w Internecie. Jakkolwiek IETF nie posiada żadnej formalnej władzy to jednak prace, które prowadzi mają decydujący wpływ na kształt przyszłości Internetu. IETF generuje specjalny rodzaj dokumentów zwanych *Request For Comments* (RFC), w których zawarte są definicje dużej części standardów i wielu protokołów internetowych.

IM (*Instant Messenger*) – komunikator internetowy, czyli program komputerowy pozwalający na przesyłanie natychmiastowych komunikatów (*Instant Messaging*) pomiędzy dwoma lub większą liczbą komputerów, poprzez sieć komputerową, zazwyczaj internet. Od poczty elektronicznej różni się tym, że oprócz samej wiadomości, przesyłane są także informacje dot. obecności użytkowników, co zwiększa znacznie szansę na prowadzenie bezpośredniej konwersacji. Komunikatory IM bardzo często łączą użytkowników przez serwery, do których się przyłączają i od których działania są uzależnione. Niekiedy tak skrajnie, że użytkownik skazany jest na reklamy emitowane przez producenta aplikacji.

PEM (*Privacy Enhanced Mail*) opublikowana w 1993 roku w IETF propozycja podwyższenia prywatności komunikacji mailowej przy użyciu kryptografii klucza publicznego. Chociaż PEM stał proponowanym standardem IETF, nigdy nie został powszechnie zastosowany. Jedną z przyczyn było to, że protokół PEM wymaga infrastruktury klucza publicznego (PKI). Ponieważ ta hierarchiczna struktura została odrzucona, jako infrastrukturę PKI zamiast metody szyfrowania PGP (*Pretty Good Privacy*) Phil Zimmermann zaproponował zdecentralizowaną metodę uwierzytelniania osób *Web of Trust*, a zaufanie do poszczególnych certyfikatów jest sumą podpisów złożonych przez innych uczestników sieci. Wysiłki, aby wdrożyć PEM ostatecznie porzucono w odpowiedzi na potrzeby rozszerzenia obsługi protokołu MIME.

PKI (*Public Key Infrastructure*). Infrastruktura klucza publicznego – zbiór osób, polityk, procedur i systemów komputerowych niezbędnych do świadczenia usług uwierzytelniania, szyfrowania, integralności i niezaprzeczalności za pośrednictwem kryptografii klucza publicznego, prywatnego i certyfikatów elektronicznych. W szczególności jest to szeroko pojęty kryptosystem, w którego skład wchodzą urzędy certyfikacyjne (CA), urzędy rejestracyjne (RA), subskrybenci certyfikatów klucza publicznego (użytkownicy), oprogramowanie oraz sprzęt. Infrastruktura klucza publicznego tworzy hierarchiczną strukturę zaufania, której podstawowym dokumentem jest certyfikat klucza publicznego. Do podstawowych funkcji PKI należą: weryfikacja tożsamości subskrybentów, wymiana kluczy kryptograficznych, wystawianie certyfikatów, weryfikacja certyfikatów, podpisywanie przekazu, szyfrowanie przekazu, potwierdzanie tożsamości i znakowanie czasem.

QoS *(Quality of Service)* czyli jakość usługi. To całość charakterystyk usługi telekomunikacyjnej stanowiących podstawę do wypełnienia wyrażonych i zaspokajanych potrzeb użytkownika tej usługi. Aby zapewnić QoS, stosowane są następujące mechanizmy: kształtowanie i ograniczane przepustowości, zapewnienie sprawiedliwego dostępu do zasobów, nadawanie odpowiednich priorytetów poszczególnym pakietom wędrującym przez sieć, zarządzanie opóźnieniami w przesyłaniu danych, zarządzanie buforowaniem nadmiarowych pakietów, określenie charakterystyki gubienia pakietów, unikanie przeciążeń.

RTP (*Real-time Transport Protocol*) to protokół transmisji w czasie rzeczywistym. Pakiet protokołu RTP zawiera informację o typie przesyłanych danych, numer seryjny oraz znacznik czasu. RTP nie gwarantuje jakości usługi (QoS). Protokół RTP najczęściej używa UDP jako protokołu warstwy transportowej. Żeby zagwarantować QoS, RTP jest używany razem z innymi protokołami jak np. RTSP, SIP, które służą do ustalenia połączenia, zanim dane będą mogły być przesłane za pomocą RTP. RTP jest używane w telefonii internetowej (VoIP: Voice over IP) oraz w telekonferencjach.

RTSP (*Real Time Streaming Protocol*) to protokół poziomu aplikacji, mający za zadanie sterowanie dostarczaniem danych czasu rzeczywistego. Mimo, że jest on wręcz powszechnie stosowany w aplikacjach związanych z przesyłaniem danych multimedialnych, nie jest on jeszcze ustanowionym oficjalnie standardem, lecz jedynie jego propozycją (*draft*) ulegającą ciągłym zmianom i korektom. Protokół RTSP dostarcza użytkownikowi jakby elastycznego

szkieletu, bazy, która może być rozwijana i dopasowywana do potrzeb użytkownika, aby umożliwić sterowanie transmisją na żądanie danych czasu rzeczywistego takich jak audio i wideo. Źródła danych mogą zawierać dane dwojakiego rodzaju: materiały odtwarzane „na żywo" oraz gromadzone w bazie danych do późniejszego odtworzenia.
Protokół w założeniu jego twórców (m.in. *RealNetworks*) ma służyć kontroli jednocześnie wielu sesji transmisji danych, dostarczając środki do wyboru kanału transportowego jak np. UDP, rozgałęziany UDP i TCP oraz środki do wyboru odpowiednich mechanizmów działania opartych na protokole RTP. Protokół RTSP jest rodzajem jakby sieciowego „pilota" (*network remote control*) dla serwerów multimedialnych. W protokole tym w zasadzie nie występuje pojęcie połączenia. Zamiast tego przyjmuje się, że serwer RTSP utrzymuje sesje oznaczoną odpowiednim identyfikatorem, która łączy grupy strumieni mediów i ich stanów. Sesja protokołu RTSP nie jest związana z pojęciem połączenia na poziomie warstwy transportowej w rozumieniu połączenia TCP. Podczas sesji użytkownik może otwierać i zamykać wiele pewnych połączeń transportowych z serwerem, aby wysyłać żądania protokołu RTSP dla tej sesji. Protokół RTSP może używać protokołu transportowego TCP gwarantującego niezawodne połączenie lub niepewnego bezpołączeniowego protokołu transportowego UDP. Strumienie sterowane przez protokół RTSP mogą używać protokołu RTP do transportu swoich danych. Protokół RTSP jest podobny jest do protokołu HTTP (ang. HyperText Transfer Protocol), ale i wyraźnie od niego się różni.

SCIMP (*Silent Circle Instant Messaging Protocol*) protokół internetowy firmy Silent Circle, który zapewnia silne szyfrowanie, utajnienie i uwierzytelnianie komunikatów natychmiastowych (IM, *Instant Messages*). SCIMP wykorzystuje szereg algotytmów i protokołów, w tym ZRTP, OTR (*Off The Record*),

SSMS (*Secury Short Message Service*), Cryptocat NADM, krzywe eliptyczne Diffiego-Hellmana (ECDH) raz szereg standardów NIST.

SIP (Session Initiation Protocol) to protokół inicjowania sesji, zaproponowany przez IETF jako standard dla zestawiania sesji pomiędzy jednym lub wieloma klientami. Jest obecnie dominującym protokołem sygnalizacyjnym dla *Voice over IP* i stopniowo zastępuje protokół H.323. SIP ma w zamierzeniu dostarczać zestaw funkcji obsługi połączenia i innych cech obecnych w publicznej sieci telefonicznej (PSTN).
Jako taki zawiera funkcje, które umożliwiają znane ze stacjonarnej telefonii operacje: wybieranie numeru, dzwonek w telefonie, sygnał zajętości, chociaż ich implementacja jest odmienna. Istnieje wiele innych protokołów sygnalizacyjnych dla VoIP, jednakże SIP zdefiniowano pośród społeczności internetowej, a nie telekomunikacyjnej. SIP jest standardem zarządzanym przez IETF. Starsze i bardziej złożone protokoły VoIP były zazwyczaj propozycjami zgłaszanymi przez ITU-T. SIP jest podobny do HTTP i dzieli z nim wiele zasad konstrukcyjnych: używa zwykłego tekstu (jest możliwy do czytania bezpośrednio przez człowieka), bardzo prosty mechanizm żądanie-odpowiedź.

SRTP (*Secure Real-time Transport Protocol*) to protokół RTP z szyfrowaniem, uwierzytelnianiem wiadomości i zapewnianiem integralności oraz ochrony przed powtarzaniem danych zarówno w trasmisji *unicast* (dokładnie jeden punkt wysyła pakiety do dokładnie jednego punktu) jak i *multicast* (gdy liczba odbiorców jest dowolna). Został on opracowany przez ekspertów kryptograficznych firm Cisco i Ericsson. Po raz pierwszy został opublikowany przez IETF w 2004 roku (RFC 3711). Do szyfrowania i deszyfrowania strumienia danych domyślnym szyfrem SRTP jest AES. Ten szyfr blokowy może w innym trybie pracować jako szyfr strumieniowy.

UDP (*User Datagram Protocol*) to protokół pakietów użytkownika, jeden z protokołów internetowych. UDP stosowany jest w warstwie transportowej modelu OSI, czyli standardu zdefiniowanego przez ISO oraz ITU-T opisującego strukturę komunikacji sieciowej.

ZRTP (*Zimmermann Real-time Transport Protocol*) jest protokołem kryptograficznym służącym do uzgodnienia kluczy niezbędnych do szyfrowania transmisji między dwoma punktami końcowymi w telefonii VoIP (*Voice over Internet Protocol*) na podstawie protokołu RTP. Protokół ZRTP wykorzystuje protokół uzgadniania i wymiany kluczy, opracowany przez Witfielda Diffiego oraz Martina Hellmana oraz protokół SRTP do bezpiecznej transmisji danych w czasie rzeczywistym. Protokół ZRTP został opracowany przez Phila Zimmermanna z udziałem zespołu (Bryce Wilcox-O'Hearn, Colin Plumb, Jon Callas i Alan Johnston) i opublikowany w kwietniu 2011 (RFC 6189). Protokół ZRTP został wdrożony i jest stosowany na następujących platformach: Windows, Linux, MacOSX, iPhone, Symbian, BlackBerryOS, Android w następujących językach: C, C++, Java oraz w następujących typach transmisji danych: WiFi, UMTS, EDGE, GPRS, satelitarny IP, GSM CSD, ISDN.

Literatura

[1] Thompson Derek: A Brief History of Money. *http://www.theatlantic.com/business/archive/2011/03/a-brief-history-of-money/72153*

[2] Classical Numismatic Group, Inc., *www.cngcoins.com*

[3] http://www.weidai.com/bmoney.txt

[4] Satoshi Nakamoto: Bitcoin: A Peer-to-Peer Electronic Cash System. http://pl.scribd.com/doc/275175747/Bitcoin-A-Peer-To-Peer-Electronic-Cash-System

[5] Whitfield Diffie, Martin Hellman: New Directions in Cryptography. IEEE Transactions on Information Theory, vol. IT-22, 1976

[6] The Original RSA Patent as filed with the U.S. Patent Office by Ronald Rivest, Adi Shamir, Leonard M. Adleman. December 14, 1977, U.S. Patent 4,405,829.

[7] Wojciech Nowakowski: Algorytm RSA – podstawa podpisu elektronicznego. Elektronika, konstrukcje, technologie, zastosowania, nr 6/2010

[8] RSA Cryptography Standard, PKCS, RSA Laboratories, June 14, 2002

[9] http://www.usc.edu/dept/molecular-science/RSA-2003.htm

[10] Bruce Schneier: Kryptografia dla praktyków, WNT, Warszawa, 2002

[11] Wojciech Nowakowski, Robert Poznański: Podpis elektroniczny - zasady działania. Elektronika, konstrukcje, technologie, zastosowania, nr 7/2010

[12] Virtual currency schemes. European Central Bank, 2012

[13] Ryan Whitwam: How Bitcoin thieves used an Android flaw to steal money, and how it affects everyone else. August 2013. http://www.extremetech.com/computing/164134-how-bitcoin-thieves-used-an-android-flaw-to-steal-money-and-how-it-affects-everyone-else

[14] Ittay Eyal, Emin Gun Sirer: Majority is not Enough: Bitcoin Mining is Vulnerable. Computer Science > Cryptography and Security. Nov 2013.

http://arxiv.org/abs/1311.0243v1
[15] James Plafke: Bitcoin flaw allows miners to game the system, gain control of entire network. November 2013. http://www.extremetech.com/extreme/170473-bitcoin-flaw-allows-miners-to-game-the-system-gain-control-of-entire-network
[16] Ashlee Vance, Brad Stone: Amerykański sen. Bloomberg Businessweek Polska, nr 5/2014
[17] http://www.usatoday.com/story/money/business/2014/03/06/newsweek-relaunches/6141761/
[18] Wojciech Nowakowski, Kryptografia współczesna. Monografia. IMM 2014
[19] Wojciech Nowakowski, Bliższa chmura, czyli usługi obliczeniowe we mgle. Elektronika – konstrukcje, technologie, zastosowania, nr 5/2015
[20 Polcoin, pierwsza polska kryptowaluta. http://www.polcoin.pl/index.php/pl/
[21] http://primecoin.io
[22] Vitalik Buterin. What Proof of Stake Is And Why It Matters. 2013. https://bitcoinmagazine.com/articles/what-proof-of-stake-is-and-why-it-matters-1377531463
[23] Mateusz Kocot. Czym jest dowód stawki i dlaczego ma on znaczenie. http://bitcoinet.pl/2014/05/20/czym-jest-dowod-stawki-i-dlaczego-ma-on-znaczenie
[24] http://peercoin.net
[25] 2nd Generation Cryptocurrency, http://www.qora.org
[26] Wojciech Nowakowski: Technologie Bitcoina w Internecie Rzeczy (IoT)? Elektronika, konstrukcje, technologie, zastosowania, nr10/2015
[27] Tomasz Szast: Projekt Ethereum odpowiedzią na bolączki systemu Bitcoin? http://paybit.pl/projekt-ethereum-odpowiedzia-na-bolaczki-systemu-bitcoin
[28] ethereum.org
[29] Mateusz Kocot. Ethereum – „Bitcoin" który potrafi wszystko.

http://bitcoinet.pl/2014/04/03/ethereum-bitcoin-ktory-potrafi-wszystko

[30] http://satoshicounter.com/2015/07/14/satoshibooklet/

[31] http://bitcoinet.pl/2014/04/03/ethereum-bitcoin-ktory-potrafi-wszystko

[32] Vitalik Buterin: Cryptoeconomic Protocols In the Context of Wider Society. Part 1. https://youtu.be/S47iWiKKvLA Part2. http://youtu.be/qM8zkzFZVok

[33] http://zfone.com/zrtp_ietf.html

[34] http://websecurity.pl/silent-circle-wprowadza-usluge-szyfrowanych-rozmow-dla-androida/

[35] http://zaufanatrzeciastrona.pl/post/tworca-pgp-da-nam-prywatnosc-rozmow-telefonicznych

[36] http://corporate.kpn.com/pers/persberichten/silent-circle-vanaf-nu-beschikbaar-bij-kpn.htm

[37] http://en.wikipedia.org/wiki/Visual_cryptography

[38] Wojciech Now*akowski, Kryptografia współczesna. Monografia, wyd. IMM 2014, ISBN 978-83-927542-4-4*

[39] Tomasz Adamski, Wojciech Nowakowski: Security of Nyberg-Rueppel digital signatures without message recovery. Bulletin of the Polish Academy of Sciences – Technical Sciences, Vol. 62, No. 4/2014, DOI: 10.2478/bpasts-2014-0090

Printed by Books on Demand GmbH, Norderstedt / Germany